D1734424

"'Stress ist eine Illusion' ist die neue Generation der Stressbewältigung. Prof. Beeker versteht sein Handwerk: Komplexe Wissenschaft wird unterhaltsam und höchst praktisch dargestellt. Wenn Sie unter Stress leiden, können Sie aufatmen. Mit diesem Buch werden Sie stärker als der Stress."

Aljoscha Long *- Autor von "Die 7 Geheimnisse der Schildkröte"*

„Einfach, klar, direkt auf den Punkt. Was ich an Prof. Beeker mag ist, dass er praktisch und in einfacher Sprache zeigt, wie jeder sein Leben verbessern kann."

Patrick Lynen *– Autor von "How to get Gelassenheit"*

Stress ist eine Illusion

*Die wissenschaftliche Lösung:
4 einfache Schritte, um Stress abzubauen, den Verstand zu entrümpeln,
Überforderung zu bewältigen und inneren Frieden zurückzugewinnen*

Prof. Dr. Detlef Beeker

detlefbeeker.de

Prof. Dr. Detlef Beeker
Glückswissenschaftler

Weitere Bücher des Autors

Wetten, ich kann Sie glücklich machen!

Das 90-Tage Glückstagebuch

Angst ist eine Illusion

Freudvolle Achtsamkeit

Stress ist eine Entscheidung

Stress ist eine Illusion

Stopp Stress!

Unverwundbar

Meistere deine Emotionen

Fitness für Faulenzer

Inhaltsverzeichnis

Gratis Geschenk

"Das deutlichste Anzeichen von Weisheit ist anhaltend gute Laune." – Michel de Montaigne

Als Dankeschön möchte ich Ihnen ein Geschenk machen: Das Buch "18 überraschende Gute-Laune-Tipps" (52 Seiten) **schenke** ich Ihnen! Sie können es unter folgendem Link herunterladen:

http://detlefbeeker.de/geschenk/

Erinnern Sie sich noch, als Sie das letzte Mal verliebt waren? War nicht plötzlich alles schön? Wie wundervoll der blaue Himmel aussah, mit seinen weißen Wolken. Sogar Regen konnten Sie genießen. Was wäre, wenn Sie diese gute Laune jederzeit haben könnten?

In diesem Buch lernen Sie...

- Drücken Sie diese Körperstellen und Ihr Stress löst sich auf, Ihre gute Laune steigt und Ihre Gesundheit verbessert sich.

- Diese bewährten Mental-Taktiken werden Sie in Sekunden in gute Laune versetzen.

- Diese geheimen Yoga-Techniken lassen Ihre gute Laune mühelos ansteigen.

- Welches unbekannte Musikstück ist, wissenschaftlich erwiesen, der beste Stresslöser?

- Was Sie von James Bond lernen können und wie dies Ihnen Entspannung und Selbstvertrauen gibt.

- Wie Sie sich in 10 Sekunden entspannen können.

- Praktizieren Sie diese verblüffende Technik und werden frisch und vitalisiert.

- Welche Apps sind die besten, um Ihren Stress zu lindern und Ihnen Entspannung und Gelassenheit zu schenken?

- Der neuste Trend: der Fidget Cube und wie er wirkt.

- Bonus: Die neue Generation der *Gute-Laune-Techniken.*

und vieles mehr.

Laden Sie dieses Buch JETZT **gratis** runter, damit Sie mit Hilfe der besten Techniken garantiert mehr Freude, Gelassenheit und Glück haben werden.

http://detlefbeeker.de/geschenk/

Über den Autor

"Das Universum ist freundlich"

Internationaler Amazon-Bestseller-Autor Prof. Dr. Detlef Beeker ist Glückswissenschaftler und Anti-Stress-Experte. Er forscht auf diesen Gebieten seit mehr als 20 Jahren und hat zahlreiche Ratgeber geschrieben. Detlef ist nicht nur Theoretiker, sondern auch Anwender: Unter anderem meditiert er seit über 20 Jahren.

Zu viele Selbsthilfe-Ratgeber geben dir große Ideen, zeigen aber nicht, wie sie konkret anwendbar sind. Detlef Beeker bietet in seinen Büchern praktische Methoden und Schritt-für-Schritt-Anleitungen, die du sofort umsetzen kannst.

Mit 7 Jahren hatte er bereits seine Bestimmung gefunden: „Ich möchte Vorkoster in einer Puddingfabrik werden", verkündete er seiner Mum. Obwohl sich seine Berufung seitdem geändert hat, so ist sein tiefer Wunsch geblieben, die Welt ein klein wenig besser zu machen.

Besuche seine Webseite http://detlefbeeker.de/. Dort warten hilfreiche Tipps und Tricks auf dich sowie eine Aufmerksamkeit.

Einleitung

„Wir haben alle die Macht, unter allen Umständen glücklich zu sein." – Byron Katie

In diesem Kapitel...

- Was Sie in diesem Buch lernen werden

- Was dieses Buch einzigartig macht

- Der High-Impact-Ansatz und Rosinenpicken

Möchten Sie ein Geheimnis über mich wissen? Es muss aber unter uns bleiben.

Sicher, dass Sie es wissen möchten? Es wird Ihre Welt auf den Kopf stellen. Ok, hier kommt's. Halten Sie sich fest:

Mein Gehirn ist noch aus der Steinzeit. Es ist etwa 135.000 Jahre alt!

Es stammt noch aus einer Zeit, als wir Menschen von Tigern gejagt wurden und in Höhlen lebten. Übrigens Ihr Gehirn auch.

Dass ich ein steinzeitliches Gehirn habe, ist nervtötend. Ich sage es ganz offen. Es ist die Wurzel allen Stresses. Unser Gehirn ist ein genialer Bio-Computer der darauf programmiert ist, zu überleben. Und genau das verursacht unseren Stress. Warum? Das erfahren Sie im ersten Kapitel.

Stress ist allgegenwärtig. Die moderne Gehirnforschung weiß genau, wie Stress im Gehirn abläuft und welches die Ursachen sind. Dieses Wissen können wir nutzen, um Stress an der Wurzel zu packen. Wir bekämpfen nicht nur die Symptome, sondern die wahren Ursachen. Das Erstaunliche: Dafür reichen ein paar einfache Techniken aus, die Sie ohne großen Aufwand jederzeit anwenden können.

In diesem Buch lernen Sie...

- Eine einfache Technik, die moderne Psychotherapeuten und antike griechische Philosophen nutzen, um Stress erst gar nicht entstehen zu lassen.

- Wie Sie Stress, Sorgen und Ängste mit einer wissenschaftlich geprüften Technik in Sekunden auflösen.

- Lernen Sie die geheime SSBB-Technik, mit der Sie sich in 20 Sekunden entspannen können, sogar wenn Ihr Chef Sie gerade in die Mangel nimmt.

- Wie Sie mit einem einfachen Trick Stress in Kraft und Energie umwandeln.

- Warum Ratschläge von Ratgebern oft nicht funktionieren und die Erkenntnisse der modernsten Gehirnforschung der Schlüssel zum Ausradieren von Stress sind.

- Bonus: Die effizientesten Produktivitäts-Hacks, mit denen Sie garantiert am Ball bleiben.

- Bonus: Die besten Nahrungsergänzungen und pflanzlichen Heilmittel, mit denen Sie Ihren Stress mühelos reduzieren.

Was an diesem Buch anders ist

Die meisten Ratgeber gegen Stress sagen Ihnen, was Sie im Außen anders machen können: Sie können Ihr Haus entrümpeln, Ihre Arbeit aufgeben, Ihre Beziehung verbessern, Ihre Arbeit delegieren usw. Das sind durchaus hilfreiche Tipps, aber sie bekämpfen nicht die wahren Gründe. Dieses Buch dagegen packt den Stress bei der Wurzel:

Der Dalai Lama hat einen vollen Terminkalender. Er hetzt von einem Termin zum nächsten. Ist er deswegen gestresst? Nein! Warum? Weil Stress größtenteils nicht von äußeren Faktoren abhängt, sondern wie wir damit umgehen. Schon vor 2000 Jahren erkannte der ehemalige Sklave und große Philosoph *Epiktet*:

„Es sind nicht die Dinge selbst, die uns beunruhigen, sondern die Vorstellungen und Meinungen von den Dingen."

Wir werden dies später im Buch noch ausführlich besprechen. Ich gebe Ihnen effiziente Werkzeuge an die Hand, wie Sie dies umsetzen. Ein kleiner Spoiler: Es ist gar nicht schwierig.

Eine weitere Besonderheit dieses Buchs ist, dass wir Erkenntnisse der modernen Gehirnforschung nutzen. Sie hat herausgefunden, dass die Hauptbeteiligten der Stressreaktion des Körpers die *Amygdala* und der *präfrontale Cortex* ist. Gleich, im nächsten Kapitel, wird dies ausführlich erklärt. Wenn wir verstehen, wie diese beiden Organe agieren, können wir Stress sehr effizient bekämpfen. Dieses Wissen nutzen wir in diesem Buch, damit Sie Ihren Stress auch wirklich reduzieren können.

Der High-Impact-Ansatz

Möchten Sie noch ein Geheimnis erfahren? Diesmal ist es aber nichts Weltbewegendes. Dann lieber nicht? Hmm, ich sage es Ihnen trotzdem:

Ich habe keine Zeit!

Ich arbeite Vollzeit als Professor, habe eine Familie und schreibe Bücher. Ich schreibe übrigens nicht nur, sondern ich lese, nein, ich verschlinge Bücher: Sachbücher, Ratgeber, Science-Fiction und Fantasy-Bücher. Da ich viele Sach- und Fachbücher lese, bin ich einer derjenigen, die schnell auf den Punkt kommen möchten. Ich mag es, wenn die Informationen in einem Buch schnell zugänglich sind. Dagegen ist es mir ein Greul, wenn die Informationen in seitenlangen Fließtexten oder Geschichten versteckt sind.

Das ist in etwa so, als ob Sie ein riesiges Weißbrot haben, mit einem Meter Durchmesser. In der Mitte dieses gigantischen Brotes befindet sich eine Rosine. Sie müssen sich erst durch die Schichten des Brotes durchkämpfen, bis Sie endlich die eine Rosine verspeisen können. Dieses Buch dagegen, ist ein kleines, handliches Brötchen mit etlichen Rosinen. Bei jedem leckeren Biss erwischen Sie mindestens eine der köstlichen Rosinen.

Da ich Ihnen die Leseerfahrung so angenehm wie möglich gestalten möchte, habe ich dieses Buch **benutzerfreundlich** gestaltet:

- **Alles ist auf den Punkt:** Mit persönlichen Geschichten und allem, was die Texte künstlich aufbläht, habe ich gespart. Ich habe die Sprache teilweise recht locker gehalten. Das Thema "Stress" ist schon schwer genug.

- **Aufzählungen**: In diesem Programm finden Sie viele Aufzählungen. Alles ist schnell zugänglich und wird nicht in langen Fließtexten versteckt.

- **Einleitende Überblicke, Zusammenfassung und andere Hinweise, die Ihnen das Leben erleichtern**: Kennen Sie das? Sie sind in einer fremden Stadt und suchen den Bahnhof. Sie werden von Straßenschildern geleitet, aber an einer Abbiegung fehlt ein Hinweisschild. Sie finden den Bahnhof nicht.

Dieses Buch ist wie eine sehr freundliche Stadt: Überall gibt es Hinweisschilder, Jeder weiß, wo er ist und wo er hin muss.

- **Strukturierung**: Es ist sehr strukturiert mit vielen Unterkapiteln, so dass die wichtigen Informationen schnell zugänglich sind.

Ich nenne dies den *High-Impact-Ansatz*, weil die Informationsdichte in diesem Buch sehr hoch ist und gleichzeitig alle Infos schnell zugänglich sind. Sie müssen also nicht lange suchen, Sie müssen nicht in der Erde graben, nein, die goldenen Nuggets reiche ich Ihnen auf einem Silbertablett.

Ok, weiter geht's mit Kapitel 1.

Zusammenfassung

- Unser Gehirn hat sich in den letzten 135.000 Jahren nicht wesentlich geändert. Wir haben alle ein steinzeitliches Gehirn im Schädel. Dieses ist für unseren Stress verantwortlich.

- Betrachten wir Stress aus Sicht des Gehirns, so sind die Hauptbeteiligten die Amygdala und der Präfrontale Cortex. Unter uns: Die Amygdala ist der eigentliche Schuldige.

- Nicht die eigentlichen Ereignisse sind an unserem Stress schuld, sondern unserer Umgang mit Ihnen. Deswegen ist der Dalai Lama nicht gestresst.

- Dieses Buch hat einen *High-Impact-Ansatz.* Das heißt, alle Infos sind sehr leicht zugänglich. Mit Geschichten und anderem Zeugs, was das Buch künstlich aufbläht wird gespart.

Kapitel eins:
Stress aus Sicht des Gehirns

"Nicht die Menge der Arbeit verursacht den alltäglichen Stress, sondern der Mensch, der Dich ihretwegen kritisiert und unter Druck setzt. Zugegeben: Manchmal bist Du selbst dieser Mensch." – Peter Hohl

In diesem Kapitel...

- Was ist Stress?

- Warum ist Stress eine Illusion?

- Stress muss nicht real sein

- Wie läuft Stress im Gehirn ab?

- Warum sind die Amygdala und der präfrontale Cortex die Hauptakteure?

- Wie genau gehen wir am besten und wirkungsvollsten gegen Stress vor?

Das moderne Leben ist stressvoll – es gibt viele Herausforderungen, die leicht zu Überforderungen werden können: Vielleicht versorgen Sie ein Baby, Sie sind von Arbeitslosigkeit bedroht oder Sie haben einen neuen, anspruchsvollen Job. Stress kann entstehen, weil Sie sich getrennt oder jemanden verloren haben. Es kann sein, dass Ihr Körper altert, Sie eine chronische Krankheit oder Übergewicht haben. Stressvoll können auch eine disharmonische Beziehung oder finanzielle Probleme sein. Sie tragen ein ungelöstes Trauma aus Ihrer Kindheit mit sich herum und dies bereitet Ihnen Stress. Es gibt unzählige Möglichkeiten, die Stress auslösen.

Stress ist definiert als eine reale oder wahrgenommene Bedrohung unseres Körpers oder Egos.

Es kann sein, dass ein Tiger uns jagt oder das Gefühl der Hilflosigkeit uns plagt – beides löst Stress aus. Interessant an der Definition ist, dass Stress auch durch nicht reale Gefahren ausgelöst werden kann. Es kommt auf die Wahrnehmung an. *James Bond* hat eine andere Gefahrenwahrnehmung als *Mister Bean*. Damit Stress ausgelöst wird, müssen wir also nur etwas als Gefahr wahrnehmen, ob sie real ist oder nicht, ist zweitrangig. Oftmals sind die größten Stressoren nicht Leute oder Dinge, sondern unsere Gedanken dazu. Eine Rede zu halten ist keine reale Gefahr, trotzdem kann diese Situation Stress auslösen.

Woran merken Sie, wann Sie gestresst sind? Stress hat vor allem drei Merkmale:

- **Flache Atmung**: Stress und Angst lassen uns flacher und schneller atmen. Wir atmen flach in den Brustkorb. Dies verstärkt den Stress und wir atmen noch flacher. Das kann zu einem Kreislauf führen, der unser Stress-Empfinden schürt.

- **Körperliche Anspannung**: Sind wir im Stress, so spannen wir uns an. Nach einem anstrengenden Arbeitstag, haben Sie vielleicht Kopfschmerzen. Dies entsteht, weil Sie sich anspannen und verkrampfen. Das geschieht häufig ganz unbewusst. Beobachten Sie sich: Wenn Sie einen Streit mit Ihrem Partner haben, verkrampfen Sie unwillkürlich. Stress geht immer einher mit körperlicher Anspannung.

- **Eingeengte Wahrnehmung**: Bei Stress und Angst kriegen wir einen Tunnelblick. Dies stammt noch aus der Steinzeit: Wenn wir in Gefahr waren, engte sich unsere Wahrnehmung ein, wir stellten uns auf Kampf, Flucht oder Erstarren ein. Unsere

Wahrnehmung verengte sich. Dies ist uns bis heute erhalten geblieben.

Diese Merkmale können wir gezielt nutzen: Wir können beispielsweise in Stresssituationen bewusst tief atmen. Das löst Stress schnell auf. Aber wir wollen nicht vorgreifen, später lernen Sie sehr wirkungsvolle Anti-Stress-Methoden kennen.

Ob Sie unter Stress leiden, wissen Sie selbst am besten. Trotzdem empfehle ich die folgenden zwei Stresstests:

- Ausführlicher Stresstest: https://bit.ly/2Mx4dvu: Dieser Test ist detailliert. Sie müssen eine Menge Fragen beantworten, aber er ist wissenschaftlich geprüft und gibt Ihnen zuverlässig Auskunft.

- Schneller Stresstest: https://bit.ly/2OIfYfZ: Dieser Test ist rasch gemacht. Sie kriegen einen ersten guten Eindruck über Ihren Stresslevel.

Stress ist nur eine Illusion

"Stress ist eine Illusion" ist eine verwegene Aussage. Wie komme ich nur darauf? Stress ist doch real! Wir spüren die Anspannung unseres Körpers und die flache Atmung. Das ist doch keine Illusion! Sie haben recht und unrecht. Lassen Sie es mich erklären:

Unser Gehirn ist dasjenige unserer Vorfahren. Deren Leben war hart und sehr gefährlich: Hunger, harte Umweltbedingungen und Raubtiere waren eine ständige Gefahr. Je besser unser Gehirn mit diesen Umweltbedingungen umgehen konnte, desto höher war die Chance zu überleben. Unser Gehirn ist also darauf spezialisiert, zu überleben. Es ist ein Überlebensexperte. Wie überlebt man? Indem Gefahren früh erkannt werden. Über viele Jahrtausende wurde diese Fähigkeit immer weiter verbessert, weil sie essentiell für unser Überleben war. Deswegen haben wir heute ein Gehirn, welches ein Superexperte in der Gefahrenerkennung ist. Dabei war das Gehirn vorsichtig: Situationen wurden im Zweifelsfall als Gefahr eingestuft. Lieber eine ungefährliche Situation als gefährlich einschätzen, als eine Bedrohung zu übersehen.

Unsere Welt heute ist vergleichsweise ungefährlich: Wir müssen nicht jeden Augenblick aufpassen, dass uns ein Tiger anfällt. Wir müssen nicht befürchten, zu verhungern. Unsere Gefahren heute sind eher hoher Blutdruck oder Diabetes. Um es deutlich zu sagen, wir haben ein Steinzeit-Gehirn, welches in einer modernen Welt lebt. Deswegen werden viele Situationen von unserem Gehirn als Bedrohung angesehen, obwohl sie für unser Überleben harmlos sind. In der Vorzeit bedeutete Gefahr, dass wir entweder fliehen mussten oder kämpfen. Wir haben einen Termin, stecken aber im Stau. Das bedroht nicht wirklich unser Leben. Aber unser Gehirn wertet dies als Gefahr. Das ist der Punkt. Es besteht gar keine Gefahr, aber unser Gehirn bewertet es als solche. Wenn wir ein unangenehmes Gespräch mit unserem Partner haben, so bedroht das nicht unser Leben, wir müssen weder fliehen noch kämpfen. Die Gefahr ist eine Illusion. Unser Steinzeitgehirn sieht eine Lebensgefahr, die gar nicht da ist. Nach unserer Definition ist *Stress eine reale oder wahrgenommene Bedrohung*. Diese Bedrohung ist allerdings nicht vorhanden. Somit ist der Stress auch nur eine Illusion.

In Kürze: *Die Stressreaktion unseres Körpers beschützte uns vor unmittelbaren, physischen Gefahren, wie einen Tigerangriff. Dafür war er überlebenswichtig. In der heutigen Welt sieht unser Steinzeitgehirn noch immer überall lebensbedrohliche Gefahren. Ein unzufriedener Kunden oder im Stau stehen sind keine Gefahren. Sie sind nur eine Illusion.*

Ich hoffe, ich konnte Sie überzeugen, dass Stress tatsächlich eine Illusion ist. Dies ist vor allem für die langfristige Bekämpfung von Stress von hoher Bedeutung. Aber erst einmal schauen wir uns unser Alarmsystem an.

Die Amygdala: das übereifrige Alarmsystem

Sehen wir uns dies genauer an: Für das Erkennen von Gefahren ist in unserem Gehirn die **Amygdala** zuständig. Dies ist das Alarmsystem unseres Gehirns. Sie befindet sich etwa in der Mitte unseres Kopfes. Die Amygdala ist etwas über einen Zentimeter groß und hat die Form von zwei Mandeln. Deswegen wird sie auch **Mandelkern** genannt.

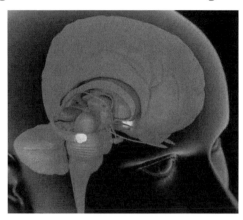

Quelle: http://tinyurl.com/ycevo248.

Stellen Sie sich vor, ihr steinzeitlicher Vorfahre namens Fred, macht einen Verdauungsspaziergang. Plötzlich hört er ein Geräusch. Gefahr! Es ist eine Hyäne. Erkennt die Amygdala erst einmal eine Gefahr, geht alles blitzschnell. Glukose und Adrenalin werden freigesetzt, unser Herz schlägt schneller und unser Blut wird zu unseren Muskeln gepumpt. Unser Körper wird in atemberaubender Geschwindigkeit auf Flucht oder Kampf vorbereitet. Eine schnelle automatische Reaktion war für unser Überleben von größter Bedeutung. Emotional bedeutet dies, ist der Körper bereit zu fliehen, empfinden wir Angst. Kämpfen wir, so verspüren wir Wut. Fred hat die Wahl: Er kann vor der Hyäne davonlaufen oder er kämpft. Er hat allerdings nicht wirklich die Wahl: Die Prozesse laufen auto-

matisch ab. Fred wird entweder Angst empfinden und davonlaufen, oder er verspürt große Wut und wird gegen die Hyäne kämpfen.

Es gibt noch eine dritte Möglichkeit neben kämpfen oder fliehen, und zwar „erstarren". Stellen Sie sich vor, Sie sind auf der Mitte einer Straße. Ein Auto kommt auf Sie zu. Sie haben nicht mehr die Möglichkeit beiseite zu springen. Das heißt, kämpfen oder fliehen sind keine Optionen mehr. Ihr Körper erstarrt: Die Herzrate wird verlangsamt, die Atmung verflacht, Ihr ganzes System wird heruntergefahren. Es kann sein, dass Sie sich benommen fühlen oder sogar Ihr Bewusstsein verlieren. All dies hat die Funktion, Sie gegen den unvermeidlichen Schmerz zu desensibilisieren. Ihr Körper wappnet sich also gegen unvermeidlichen Schmerz. Diesen Ablauf bezeichnen wir als "Erstarren" und ist einer der möglichen Stressreaktionen.

In Kürze*: Die **Amygdala** (Mandelkern) ist das Alarmsystem unseres Körpers. Erkennt Sie eine Gefahr, wird der Körper blitzschnell auf kämpfen, fliehen oder erstarren vorbereitet. Dies sind die Stressreaktionen des Körpers.*

Präfrontaler Cortex: der Denker

Der präfrontale Cortex ist der Geschäftsführer des Gehirns. Er gibt den Ton an und leitet das Gehirn. Der präfrontale Cortex befindet sich an der Stirnseite des Gehirns.

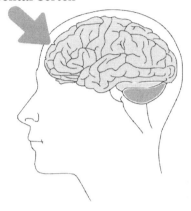

Prefrontal Cortex

Quelle: http://meditation.de/4-wege-wie-stress-unser-gehirn-auffrisst/

Er bewertet die aktuelle Stress-Situation und verbindet sie mit vergangenen Erfahrungen. Der präfrontale Cortex kann unser Freund bei der Lösung stressvoller Situationen sein: Er...

- löst schwierige Situationen,
- kontrolliert unsere Impulse,
- beruhigt intensive Gefühle,
- dirigiert unsere Aufmerksamkeit und
- passt sich an unsichere und herausfordernde Situationen an.

Der präfrontale Cortex verhindert, dass wir unser

kleines Kind anschreien, weil es partout den Mantel nicht anziehen möchte. Er erinnert uns, dass wir gute und liebevolle Eltern sein möchten. Der präfrontale Cortex verhindert, dass wir unser Notebook aus dem Fenster schmeißen, weil wieder etwas nicht funktioniert. Er motiviert uns, jetzt raus zu gehen, um zu joggen, anstatt unsere Lieblingsserie zu schauen und dabei Schokoladeneis zu futtern.

Der präfrontale Cortex ist mit der Amygdala verbunden und kann beruhigend auf sie einwirken. Stress ist eine Reaktion, die den ganzen Körper mit einbezieht. Wir konzentrieren uns allerdings auf das Zusammenspiel zwischen Amygdala und präfrontalem Cortex.[1] Das reicht für unsere Anti-Stress-Strategie aus.

In Kürze: Die Amygdala ist das Alarmsystem, der präfrontale Cortex der Geschäftsführer. Er kann beruhigend auf die Amygdala einwirken und ist unser Verbündeter im Umgang mit Stress.

Warum werden auch kleinere Sachen, wie im Stau stehen, als Stress empfunden?

Bei Tieren sind viele Stressauslöser von Geburt an gegeben. Ein Fohlen kann kurz nach der Geburt schon ein Raubtier identifizieren und flieht. Bei

---

[1] Vergleichen Sie: Greenberg (2017): *The Stress-Proof Brain: Master Your Emotional Response to Stress Using Mindfulssness and Neuroplasticity.*

Menschen ist dies anders: Wir lernen von unserer Umgebung, was gefährlich ist und was nicht. Dieser Prozess ist mit etwa sieben Jahren abgeschlossen. Das heißt nicht, dass danach das Gehirn nicht mehr verändert werden kann, aber viel wird in diesen Jahren angelegt. Deswegen ist der Mensch unglaublich anpassungsfähig: Er kann sich in vielen verschiedenen Umgebungen mit unterschiedlichen Gefahren zurechtfinden. Schauen wir uns an einem Beispiel an, was das mit Stress zu tun hat:

Joe hatte keine leichte Kindheit. Seine Mutter wechselte häufig Ihren Arbeitsplatz. Sie waren stets in Geldnöten. Er studierte und machte seinen Master. Joe fand eine gute Stelle in einer angesehenen Firma. Diese Firma fusionierte mit einem anderen Unternehmen. Seitdem sorgte sich Joe. Er fürchtete um seinen Arbeitsplatz. Rational gesehen, braucht er sich keine Sorgen zu machen: Er hatte viel gespart und ist in seinem Fach sehr gut. Es würde für ihn leicht sein, eine neue Stelle zu finden. Trotzdem stresste ihn diese Situation. Dies wurde durch seine Kindheit verursacht. Er wurde darauf konditioniert, dass das Leben unsicher sei. Ein Job kann schnell gekündigt werden und dies war eine gefährliche Situation. Deswegen wertete seine Amygdala Joes aktuelle Jobsituation als beängstigend. Dadurch war Joe in einer ständigen Alarmbereitschaft. Sein präfrontaler Cortex war nicht in der Lage, die Amygdala zu beruhigen.[2]

Joes Kindheit hat seine späteren Stressreaktionen

begründet. Es müssen nicht immer nur Kindheits-
erfahrungen sein, sondern auch spätere Erlebnisse
können Stress auslösen. Zum Beispiel, wenn Sie einen Autounfall haben, kann dies später in ähnlichen Situationen Stress verursachen.

Chronischer Stress

Akuter Stress muss nicht immer negativ sein. Müssen wir eine Rede halten, ist dies für viele Menschen eine stressauslösende Situation. Das bedeutet, unser Herzschlag wird schneller, unser Blutdruck steigt, Glucose wird ausgeschüttet usw. Dies
kann bei einer Rede positiv sein. Wir sind motiviert
und aufmerksam. Wir geben unser Bestes. Chronischer Stress dagegen ist ungesund. Er entsteht
durch langanhaltenden Stress, zum Beispiel durch
eine konfliktbeladene Beziehung oder eine belas-
tende Arbeit. Chronischer Stress führt zu Übergewicht, hohen Blutdruck und anderen Krankheiten.
In diesem Buch lernen Sie, wie Sie akuten und
chronischen Stress abbauen.

Eine simple Strategie löst Ihren Stress

Stress ist ein Spiel zwischen Amygdala und präfrontalem Cortex. Der präfrontale Cortex hat eine direk-
te Verbindung zur Amygdala. Dazu eine Analogie:

Die Amygdala ist der übereifrige Personenschutz,
die Security, die eine VIP beschützen. Damit dieser
auch ja kein Leid widerfährt, schießen die übereif-
rigen Leibwächter auf alles, was sich bewegt. Der

präfrontale Cortex ist der Chef der Security. Er hat zwei Aufgaben:

1. In der akuten Situation beruhigt der Chef die Leibwächter, damit sie aufhören zu schießen.

2. Ist gerade keine Stresssituation da, bringt der Chef den Leibwächtern bei, dass sie nicht auf alles schießen sollen, sondern nur auf wirklich gefährliche Attentäter.

Das war's mit der Analogie. Sie umreißt unsere Strategie gegen Stress sehr gut. Sie werden in diesem Buch lernen, wie Sie...

1. **Akute Stressreaktion abmildern**: Sie werden Techniken kennenlernen, die Sie anwenden, wenn Sie sich gerade mitten in einer Stresssituation befinden. Diese Techniken werden Sie schnell aus dem Stress herausbringen. Dies wird in Kapitel 2 behandelt.

2. **Das Stressproblem bei der Wurzel packen**: Sie werden im 3. Kapitel lernen, wie Sie verhindern, dass Stressreaktionen ausgelöst werden: Die Anzahl der als gefährlich eingeschätzten Situationen wird verringert. Die Amygdala schlägt nicht ständig Alarm, sondern nur dann, wenn wirklich Gefahr für Ihr Leben besteht. Sie wird also an das moderne Leben angepasst. Dies er-

reichen wir, indem wir die enormen Kapazitäten des präfrontalen Cortex nutzen: Er kann Situationen analysieren und Probleme lösen. Wir nutzen die analytischen Fähigkeiten. Es geht also darum, unsere Gedanken zu ändern, um Situationen anders einzuschätzen.

Zusammenfassung

- Stress ist definiert als eine reale oder wahrgenommene Bedrohung unseres Körpers oder Egos.

- Häufig entsteht Stress durch eingebildete Gefahren.

- Die Amygdala löst die Stressreaktionen "Flucht, Kampf oder Erstarren" aus.

- Der präfrontale Cortex ist unser Freund: Mit seiner Hilfe können wir unseren Stress eliminieren.

Kapitel zwei:
Soforthilfe bei Stress: Die
Amygdala beruhigen

„Mein Gehirn ist mein zweitwichtigstes Organ."
– Woody Allen

In diesem Kapitel...

- Wie Sie am besten mit einer akuten Stressreaktion umgehen

- Eine besonders wirkungsvolle Atemtechnik: die 4-7-8-Atmung

- Im Hier und Jetzt durch die SSBB-Technik

Die Amygdala, unser Personenschutz, startet die Stressreaktion „Flucht-Kampf-Erstarren" bei Anzeichen von Gefahr. Früher überlebenswichtig, ist es heutzutage oft unangebracht. Dabei werden Stresshormone wie Adrenalin und Cortisol ausgeschüttet, wir werden mit stressvollen Gedanken überflutet und intensive Gefühle treten auf. Dies ist nicht hilfreich, wenn wir gerade mit unserem Chef diskutieren müssen.

„Falls ich nur eine Technik aussuchen müsste, um mit Stress umzugehen, würde ich Achtsamkeit wählen." – Dr. Melanie Greenberg

Achtsamkeit ist der Antipode zu Stress: Achtsamkeit bringt einen auf Abstand zu seinen Gedanken.

Sie werden nicht mehr von Ihren angst- und stressvollen Gedanken mitgerissen. Achtsamkeit beruhigt die Gefühle, die Stressreaktion wird abgemildert, der Körper kann sich entspannen. Ein großartiges Mittel der Achtsamkeit ist **Meditation**. Es ist mittlerweile von unzähligen Studien nachgewiesen worden, dass Meditation viele positive Effekte auf Körper und Geist hat. Unter anderem ist Meditation hervorragend geeignet, um Stress abzubauen. In meinem Buch „*Die Glücksrevolution*" habe ich ein ganzes Kapitel der Meditation gewidmet. Dort lernen Sie eine besonders wirkungsvolle und mühelose Meditationsform kennen. Es gibt alternativ auch viele gute Anleitungen auf *YouTube*. Das Problem der Meditation ist, dass sie oftmals nicht durchgehalten wird. Wir westlichen Menschen sind Hektik und Stress gewohnt, deswegen fällt es uns nicht leicht, still zu sitzen und unsere Aufmerksamkeit nach innen zu richten. Aus diesem Grund habe ich hier auf Meditation verzichtet und biete in diesem Kapitel stattdessen zwei Techniken an, die jederzeit und überall durchgeführt werden können. Sie haben ähnliche Effekte wie Meditation, sind aber wesentlich kürzer.

In diesem Kapitel lernen Sie, wie Sie mit einer bereits ausgelösten Stressreaktion umgehen. Sie werden zwei sehr wirkungsvolle Techniken kennenlernen, die Sie schnell aus der Stressreaktion herausbringen.

Wie Sie Sorgen, Ängste und Stress in Sekunden auflösen

Die folgende Atemtechnik ist von *Dr. Weil* propagiert worden. Sie ist erstaunlich wirksam und hilft gegen Ängste und Panik besser als jedes Medikament.[1]

4-7-8-Atmung

Ziel: Entspannung

Technik:

1. Berühren Sie mit Ihrer Zungenspitze Ihren Gaumen, gleich hinter Ihren oberen Schneidezähnen. Lassen Sie Ihre Zunge in dieser Position während der gesamten Atmung.

2. Atmen Sie durch Ihren Mund und gespitzte Lippen, mit einem woosh-Geräusch, vollständig aus.

3. Schließen Sie Ihren Mund und inhalieren Sie lautlos durch Ihre Nase, wobei Sie bis vier zählen.

4. Halten Sie den Atem an, wobei Sie bis sieben zählen.

---

[1] Weil: *Spontaneous Happiness: Step-by-Step to peak emotional wellbeing*, 2011.

5. Atmen Sie wie unter zwei durch den Mund aus, wobei Sie bis acht zählen.

6. Wiederholen Sie die Schritte drei, vier und fünf für insgesamt vier Atemzüge.

Wie oft? Wie lange? Mindestens zweimal täglich. Darüber hinaus jedes Mal, wenn Sie sich gestresst fühlen. Für die ersten vier Wochen machen Sie jeweils nicht mehr als vier Atemzüge. Danach können Sie gerne mehr machen.

Vertiefende Hinweise:

- **Wirkt stark gegen Stress und Ängste**: Diese Atemtechnik wurde von Dr. Andrew Weil propagiert. Es ist ein großartiges Mittel gegen Ängste und Stress. Täglich ausgeführt, hat diese Atmung weitere positive Effekte, wie eine deutliche Blutdrucksenkung oder Senkung der durchschnittlichen Herzrate. Diese Atemtechnik ist so wirkungsvoll, dass sie sogar besser gegen Ängste und Panik-Attacken wirkt als Medikamente. Es ist eine einfache und sehr wirkungsvolle, entspannende Atemtechnik.

- **Erklärvideo**: Dr. Weil erklärt die Atemtechnik in einem Video unter folgendem Link: http://tinyurl.com/4-7-8-Atmung.

- **Tipps zum Dranbleiben** finden Sie unter

Die 4-7-8-Atmung können Sie jederzeit anwenden und sie wirkt schnell. Probieren Sie es aus. Übrigens, wenn Sie mal nicht schlafen können: Die 4-7-8-Atmung hilft ganz hervorragend. Im nächsten Kapitel lernen Sie eine andere Technik kennen, die ebenfalls in Sekunden wirkt.

Morphium für Ihr Gehirn: die SSBB-Technik

Keine Angst, ich werde Sie nicht zum Dealer um die Ecke schicken. Wissenschaftler haben herausgefunden, dass Meditation körpereigenes Morphium frei setzt. Meditation wirkt also gegen Schmerzen und ist sehr entspannend. Die Mikro-Technik, die Sie in diesem Kapitelentdecken werden, wirkt wie eine Meditation nur in sehr kurzer Zeit. Schneller als Sie einen KitKat-Riegel essen können, sind Sie mit dieser Meditation entspannt. Im Folgenden stelle ich Ihnen diese großartige und sehr wirkungsvolle Technik vor, um ins Hier und Jetzt zu kommen und Ihre Amygdala zu beruhigen. Die Technik heißt *SSBB* und steht für „Stop, Smile, Breath, Be".[1]

---

[1] Zimberg (2016): *Stop Smile Breath Be – A guide to Awaken to Your True-OneSelf – The 1 Minute Mindfullness Meditation to Break Free of Stress, Fear, or Sad-*

SSBB: „Stop-Smile-Breath-Be"

Ziel: Entspannung

Technik:

1. Schritt: Stopp! Stoppen Sie alles. Wenn Sie sich in Gedanken befinden, stoppen Sie. Das heißt nicht, wenn Sie gerade Auto fahren, dass Sie anhalten sollen. Falls Sie gerade Musik hören, müssen Sie diese nicht ausschalten. Aber stoppen Sie Ihre Gedanken für einen Moment und werden Sie sich Ihrer Umgebung bewusst. Halten Sie inne.

2. Schritt: Lächeln Sie! Lächeln Sie breit, so dass Ihre Zähne zu sehen sind. Es ist nicht wichtig, ob Ihnen nach lächeln zumute ist. Das Lächeln kann künstlich sein – kein Problem! Einfach lächeln.

3. Schritt: Atmen! Atmen Sie tief in Ihren Bauch ein und richten Sie Ihre Aufmerksamkeit darauf. Folgen Sie mit Ihrer Aufmerksamkeit Ihrem Atem. Ein Atemzug reicht.

4. Schritt: Seien Sie! Sie sind jetzt, in diesem Moment da - richtig? Sie sind. Richten Sie für 10 Sekunden Ihre Aufmerksamkeit auf Ihr Gefühl zu sein.

Wie lange? Wie oft? Die ganze Technik dauert etwa 30 Sekunden. Machen Sie sie mehrmals täg-

ness to Experience Inner-Peace and Happiness.

lich.

Vertiefende Hinweise:

- **SSBBx3**: Wenn Sie etwas Zeit haben, machen Sie die Technik dreimal hintereinander. Dies verstärkt die Wirkung.

- **„Seien Sie!" Was heißt das?** Dieser Schritt stiftet die meiste Verwirrung. Wo genau ist mein Gefühl zu sein? Wie finde ich es? Ist es mein Körpergefühl? Jetzt in diesem Augenblick sind Sie da. Sie existieren, Sie sind. Sie können nicht sagen, dass Sie nicht sind. Sie brauchen noch nicht einmal nachzudenken, Sie wissen mit unumstößlicher Gewissheit, dass Sie sind, dass Sie existieren. Trotzdem fällt es schwer, genauer zu sagen, wo sich dieses Gefühl befindet. Das liegt daran, dass der Verstand es nicht fassen kann.

  Deswegen: Machen Sie es einfach, ohne nachzudenken. Sie können nichts falsch machen. Richten Sie intuitiv Ihre Aufmerksamkeit auf das Gefühl zu sein. Ihr Verstand wird vielleicht meckern: „Wo ist dieses Gefühl? Du machst es falsch!" Beachten Sie ihn nicht. Wenn Sie es einfach tun, können Sie nichts falsch machen.

- **„Seien Sie!" - eine Alternative**: Vielen fällt es schwer, Ihre Aufmerksamkeit auf ihr

Gefühl zu sein, zu richten. Wir wissen zwar alle, dass wir da sind und existieren, aber die Aufmerksamkeit darauf zu richten ist vermeintlich schwierig.

Deswegen stelle ich Ihnen eine **Alternative** vor: Schließen Sie Ihre Augen und spüren in Ihren Körper hinein. Richten Sie Ihre Aufmerksamkeit auf Ihre rechte Hand. Spüren Sie das leichte Kribbeln und vibrieren? Gehen Sie durch Ihren ganzen Körper, überall spüren Sie diese Vibrationen und das Kribbeln. Eckhard Tolle nennt dies den **inneren Körper**. Dies ist die Alternative: Richten Sie Ihre Aufmerksamkeit auf Ihren Energiekörper. Sie können sich gerne auf *YouTube* dazu eine geführte Meditation anhören: http://tinyurl.com/innererKoerper

- **SSBB ist eine Ultrakurzzeit-Meditation**: Diese Technik wirkt entspannend und stoppt Ihre stressvollen Gedanken. Es wirkt wie eine Meditation. Sie werden den Effekt schnell spüren.

Zusammenfassung

- Die Amygdala liegt etwa in der Mitte des Gehirns und hat die Größe von zwei Mandelkernen.

- Die Amygdala löst bei Gefahr die Stressreaktion Flucht, Kampf oder Erstarren aus.

- Um den Stress in den Griff zu kriegen, muss diese Stressreaktion abgemildert werden. Dies erreichen Sie, indem Sie entweder die 4-7-8-Atmung oder die SSBB-Technik anwenden.

- Beide Techniken sind jederzeit und in jeder Situation anwendbar. Die Stressreaktion wird unmittelbar gestoppt.

Kapitel drei:
Wie Sie Stress erst gar nicht entstehen lassen

*„Die einzigen wirklichen Feinde des Menschen sind
seine eigenen negativen Gedanken"
– Albert Einstein*

In diesem Kapitel...

- Der präfrontale Cortex bewertet Situationen und gibt diese an die Amygdala weiter

- Langfristig Stress abbauen durch Änderung der Bewertung

- Leg den Schalter um! macht aus Stress Stärke und Motivation

- ABCDE-Prozess gibt Ihnen Frieden in jeder Situation

Durch unsere Gene, Prägungen und Erfahrungen schätzt die Amygdala bestimmte Situationen als gefährlich ein. Das war für unsere Vorfahren überlebenswichtig. In der heutigen Zeit sind so gut wie alle Situationen nicht lebensgefährlich. Ein Streit mit dem Partner ist unangenehm, aber bedroht nicht wirklich unser Leben. Unsere Leibwächter, die Amygdala, schießen wild um sich, obwohl die VIP gar nicht bedroht ist. Der Chef der Leibwächter, der präfrontale Cortex, kann eingreifen. Er kann den Leibwächtern begreiflich machen, dass sie nicht bei jeder Person, die sich der VIP nährt, zu schießen brauchen, sondern nur bei denjenigen, die eine Waffe haben. Situationen werden neu bewertet. Dadurch schlägt die Amygdala wesentlich seltener Alarm, der Stress wird deutlich vermindert.

Stress-Aikido: Verwandeln Stress in Ihren Freund

Ein Freund von mir macht Aikido. Karl sagte eines Tages zu mir: "Hey, Detlef, schlag mich!" Sie müssen wissen, ich bin eher einer der friedfertigen Gesellen und boxe Freunde nicht einfach so. Er ließ nicht locker: "Schlag mich! Ich kann Aikido, mir passiert nichts - echt!" Also schlug ich ihn - ich versuchte es zu mindestens. Bevor ich es versah, lag ich auf der Nase. Ich ächzte. Karl grinste mich an: "Aikido nutzt die Energie Deines Angriffs zur Verteidigung."

Was würden Sie sagen, wenn ich Ihnen eine Technik vorstelle, die genau dieses Prinzip nutzt? Wenn Sie Stress haben wird viel Energie freigesetzt. Warum? Weil sich unser Körper auf Fliehen, Kämpfen oder Erstarren vorbereitet. Dies wird Stressreaktion genannt. Diese Energie können wir mit der Technik "Leg-den-Schalter-um!" nutzen.

Die Idee hinter dieser Technik erklärt folgendes Zitat:

"Es ist die Linse, durch die unser Gehirn die Welt sieht, die unsere Realität gestaltet." – Shawn Achor

Unsere Sichtweise oder unser Mindset ist entscheidend, wie wir eine Situation handhaben. Sehen wir ein Problem als Problem, so ist es eins. Sehen wir es dagegen als Herausforderung, so gehen wir anders damit um.

Benjamin arbeite in einer Unternehmensberatung. Es war Freitag abends, gerade wollte er nach Hause gehen, als sein Chef hereinkam: "Ben, es tut mir leid, wir haben noch einen Auftrag hereinbekommen. Es ist ein Notfall. Schaffst Du das bis morgen?". Mit diesen Worten lud der Chef einen Stapel Papiere auf Bens Schreibtisch. Ben erklärte: "Wow! Das wird eine Herausforderung! Her damit!" Dann breitete sich ein Lächeln auf seinem Gesicht aus und er machte sich an die Arbeit.

Unnötig zu sagen, dass Ben nie unter Stress litt. Er erklärte alles einfach zu einer Herausforderung und machte sich an die Arbeit. Ein vermeintlich negatives Ereignis als Herausforderung oder als Gelegenheit umzudeuten, hat etwas sehr kraftvolles. Im NLP wird dies Refraiming genannt.

Die Leg-den-Schalter-um!-Technik kanalisiert die Stressenergie in etwas Positives. Sie ist eine enorm wirkungsvolle Technik, um eine Situation zu transformieren. Sie verwandelt Stress in Energie und Stärke.

Leg den Schalter um!

Ziel: Stress in Kraft und Energie umwandeln

Technik:

1. **Akzeptieren Sie, dass ein Problem da ist**: Erkennen Sie die Realität an, dass ein Problem da ist. Sagen Sie zu sich: „Ok, ich habe ein Problem, aber ich werde dieses Problem nutzen, um stärker zu werden!" Wir verleugnen gerne unsere Probleme, und zwar so lange, bis sie so stark werden, dass sie nicht mehr verleugnet werden können. Deswegen akzeptieren Sie möglichst früh, dass ein Problem da ist. Sei es, dass Sie die Arbeit überfordert oder dass der Haushalt mit zwei Kindern zu viel ist.

2. **Fragen Sie sich die Schalter-Umlege-Frage**: Wie kann ich diesen Stress oder Situation nutzen, um meine Umstände zu verbessern und mich stärker zu machen - heute, in dieser Minute, in dieser Sekunde?

3. **Machen Sie das Gegenteil**: Ziehen Sie in Betracht, das Gegenteil von dem zu unternehmen, was Leute normalerweise in ähnlichen Situationen tun würden. Wenn Sie den Schalter umlegen, stellen Sie die Situation

auf den Kopf: Sie verwandeln schlechtes in Gutes, Leid in Stärke.

4. **Wie fühlt es sich an?** Achten Sie darauf, wie es sich anfühlt, wenn Sie sich entscheiden, den Schalter umzulegen: Den Schalter umzulegen ist ein *Reframing* der Situation. Dies ist ein Begriff aus dem NLP. Sie deuten die Situation positiv um. Sie werden sich energiereicher und motivierter fühlen. Hoffnung und Optimismus werden wachsen. Das gibt Ihnen mehr Selbstvertrauen. Sie werden klarer denken können.

Wie oft? Wie lange? Immer wenn eine stressige Situation auftaucht, können Sie den Schalter umlegen. Das kann einmal pro Woche sein oder einmal alle zehn Sekunden.

Vertiefende Hinweise:

- **Der Schalter ist immer da**: Seien Sie sich bewusst, dass der Schalter tatsächlich immer da ist. Sie können ihn jederzeit umlegen. Der Schalter ist eine neue Sichtweise, die Ihnen Kraft gibt und die Stress-Situation als Herausforderung sieht.

- **Wie können wir eine positive Sichtweise entwickeln?** Stress ist nicht nur negativ, nein, er hat Vorteile. Stress gibt uns

Kraft und Energie. Diese können wir nutzen. Im Studium war ich so ein Kandidat, der alles auf den letzten Drücker machte. Die Hausarbeit ließ ich wochenlang liegen, bis ich dann zwei Tage vor Abgabetermin erst anfing. Natürlich war ich unter Druck - es war stressig. Ohne diesen Druck hätte ich es allerdings nicht geschafft, die Arbeit fertigzustellen.

Außerdem ist Stress ein Signal, dass es ein Problem gibt. Sei es ein Problem unserer Gedanken oder ein reales. Stress ist wie ein Weckruf. Er zwingt uns geradezu, neue Fähigkeiten zu entwickeln, um besser mit der Situation umgehen zu können. Unsere emotionale Intelligenz wird steigen. Ist das nicht großartig?

- **Die Erlaubnis Mensch zu sein**: Dieser Satz stammt von *Tal Ben-Shahar*. Er ist einer der bekanntesten Vertreter der positiven Psychologie und Professor in Harvard. Stress gehört zum Leben. Sie können ihn minimieren, aber hier und da wird er auftauchen. Wir sind eben nur Menschen, wir haben nicht immer alles im Griff. Trauer, Ängste, Ärger und Stress sind Teil unseres Lebens. Es ist weise, wenn wir dies akzeptieren. Seien Sie sanft zu sich.

- **Sie müssen nicht immer alle Schritte durchführen**: Der zweite Schritt ist der entscheidende! Fragen Sie sich die „Schalter-Umlege-Frage". Wenn Sie gerade wenig Zeit haben oder sehr oft mit der Technik arbeiten, so machen Sie nur den zweiten Schritt – das reicht aus! Der Kern ist, dass Sie die Situation anders sehen und sich fragen, wie Sie den Schalter umlegen können.

- **Der präfrontale Cortex arbeitet mit Gedanken**: Er bewertet die Situation anders, so dass die Amygdala diese nicht als gefährlich einstuft. Umlegen des Schalters ist eine Neubewertung der Situation.

Die *Leg-den-Schalter-um!*-Technik ist etwas ganz Besonderes: Zum einen wird der Stress, wenn er entsteht sofort reduziert - ähnlich wie die *SSBB* oder *4-7-8-Atmung*. Zusätzlich wird aber auch die Einstellung zu der Situation verändert. Die *Leg-den-Schalter-um!*-Technik hat also einen doppelten Effekt.

Im folgenden Kapitel stelle ich Ihnen eine weitere sehr wirkungsvolle Technik vor, den ABCDE-Prozess. Sie hat das Ziel, Stress erst gar nicht entstehen zu lassen.

Positives Denken ist tot

"Positives Denken" war Anfang dieses Jahrtausend

eine große Nummer. Norman Vincent Peale, Joseph Murphy und Maxwell Maltz waren die Vorreiter. Positives Denken hat viele gute Effekte, aber ein großes Problem: Wir schaffen es nicht! Wir können einfach nicht immer positiv denken. Ich hab es selbst versucht. Unser Gehirn ist nicht zum positiven Denken geschaffen. Es hat vor allem das Ziel, unser Überleben zu sichern. Dafür ist negatives Denken besser geeignet. Sorgen und Ängste fördern unser Überleben. Es gibt aber eine gute Nachricht: Es existiert etwas viel besseres als positives Denken und das werden Sie in diesem Kapitel kennen lernen.

Dazu muss ich etwas ausholen: Die meisten gehen davon aus, dass Ereignisse unsere Gefühle auslösen. Ich habe den Job nicht bekommen und bin deswegen enttäuscht. Mein Chef hat mich kritisiert, deswegen bin ich verletzt und ärgerlich. Mein Freund hat mich betrogen, also bin ich verletzt und wütend. Diese Liste können wir unendlich fortsetzen. Ist es aber wirklich so? Die klare Antwort ist: Nein! Es sind die Gedanken, die wir zu einem bestimmten Ereignis haben, die unsere Gefühle triggern. Schon vor 2000 Jahren erkannte der ehemalige Sklave und große Philosoph *Epiktet*:

> *„Es sind nicht die Dinge selbst, die uns beunruhigen, sondern die Vorstellungen und Meinungen von den Dingen."*

Epiktet wurde 50 n. Chr. geboren. Er war Sklave in

Rom. Das Leben als Sklave war sehr unsicher: Er musste ständig befürchten geschlagen oder sogar getötet zu werden. So ließ sein Herr ihm das Bein zertrümmern. Seitdem hinkte *Epiktet*. Ein solches Leben ertragen zu können, war eine Herausforderung. Zum Glück hatte *Epiktet,* als er noch Sklave war, Zugang zu den *Stoischen* Lehren. Der Stoizismus ist eine Philosophierichtung und bekannt dafür, dass seine Philosophen jederzeit gelassen sind. So erkannte *Epiktet*, dass er auch als Sklave glücklich sein könne, da nicht die Ereignisse selbst ihn leiden ließen, sondern seine Einstellungen und Glaubenssätze dazu. Später wurde *Epiktet* frei gelassen und gründete eine eigene Philosophenschule. Er gilt als einer der größten und einflussreichsten Stoiker.

Nicht die Ereignisse selbst lassen uns leiden, sondern unsere Einstellungen und Überzeugungen dazu.

Ist das gut oder schlecht? Es ist großartig! Es bedeutet, dass Sie unabhängig von den äußeren Ereignissen sind. Falls Sie Ihre Arbeit verlieren, können Sie trotzdem glücklich sein. Macht Ihr Partner mit Ihnen Schluss, können Sie gleichwohl zufrieden sein. Sie müssen nur Ihre Einstellungen und Gedanken ändern. Dies ist viel leichter, als die Ereignisse zu ändern. Es ist sehr schwierig, Ihren Partner dazu zu bewegen, Ihre Beziehung fortzusetzen. Ihre Einstellung dazu zu ändern, ist dagegen leicht. Dies ist die Grundlage der *kognitiven Verhaltens-*

therapie (CBT). Sie ist eine sehr wirkungsvolle The-
rapieform:

*„Die kognitive Verhaltenstherapie ist die zeit- und
kosteneffektivste Psychotherapie gegen
Depressionen und Ängste." –. Andrew Weil*

Was hat das alles mit Stress zu tun? Stress entsteht,
wenn die Amygdala eine Situation als gefährlich
einschätzt. Ein wichtiger Kanal ist der präfrontale
Cortex. Seine Bewertung der Situation spielt für die
Amygdala eine große Rolle. Oftmals ist der präfrontale Cortex nicht hilfreich: Verlässt uns beispielsweise unser Partner, so denken wir: „Ich werde nie
wieder eine Partnerin finden. Ich werde einsam
sein und keine Freunde haben. Irgendwann sterbe
ich alleine und erst nach drei Wochen findet der
Vermieter meine Leiche." Das nennen die Psycho-
logen *katastrophieren.* Dass dann die Amygdala
Alarm schlägt, wenn wir einen dicken Streit mit unserem Partner haben, ist verständlich. Da der präfrontale Cortex *katastrophisiert,* schätzt die
Amygdala die Situation als gefährlich ein. Deswegen ist es wichtig, dass wir mit unseren Einstellungen und Gedanken arbeiten. Wenn wir rational
denken, wird uns das sehr viel Stress ersparen.

Der ABCDE-Prozess: Diskussion mit uns selbst

Oben haben wir gelernt, dass nicht die Ereignisse
uns stressen, sondern unsere Gedanken dazu. Erst
die Gedanken sagen uns, wie schlimm es wäre,

wenn wir von unserem Partner verlassen werden. Erst unsere Gedanken verkünden sorgevoll, wie schlimm es wäre, wenn wir unseren Job verlieren. Das Gegenmittel: Wir glauben unseren Gedanken einfach nicht! Dadurch verlieren sie ihre Wirkung. Wir befragen also unsere Gedanken, ob sie wahr sind. Ein Spoiler an dieser Stelle: Nein, unsere Gedanken sind meist nicht wahr. Wir können uns also guten Gewissens dafür entscheiden, ihnen nicht zu glauben. Im Folgenden stelle ich Ihnen den berühmten **ABCDE-Prozess** vor. In diesem Prozess werden Sie untersuchen, ob Ihre Gedanken wahr sind. Das ist der zentrale Baustein. Es ist eine der wichtigsten Techniken in der kognitiven Verhaltenstherapie. Er ist einfach und sehr wirksam:

ABCDE

Ziel: Auflösen von Stress

Technik: Sie gehen nacheinander folgende Schritte durch:

A = Auslösendes Ereignis: Was war das auslösenden Ereignis? Beispiel: Ich stehe im Stau.

B = Überzeugungen (Beliefs): Welche Gedanken, Überzeugungen und Glaubenssätze habe ich zu A? Gerade für den Anfang ist es leichter, Ihre Überzeugungen als „Sollte"-Aussage zu formulieren. Beispiel: „Ich sollte nicht im Stau stehen!"

C = Konsequenzen (Consequences): Welche Gefühle und Handlungen sind aufgetreten? Beispiel:

„Ich bin unruhig und ärgere mich, dass ich im Stau stehe. Ich bin angespannt."

D = Disput: Hier untersuchen Sie, ob Ihre Überzeugungen **wahr** sind. Das ist der entscheidende Punkt. Ist Ihre Überzeugung eine Tatsache und somit beweisbar? Nehmen Sie sich eine Überzeugung nach der anderen vor. „Sollte-Sätze" sind besonders einfach zu ergründen. Fragen Sie:

1. Ist es wahr? Oder: *Wo ist der Beweis?*
2. Kann ich wirklich wissen, dass es besser wäre, wenn... (Ihr Wunsch)?

Beispiel: Zu 1. „Ist es wahr, dass ich nicht im Stau stehen sollte?" „Realität ist, dass ich im Stau stehe. Die Idee in meinem Kopf, dass ich entspannt auf freier Autobahn fahre, ist unwahr." Oder: „Wo ist der Beweis, dass ich nicht im Stau stehen sollte?" „Es gibt keinen Beweis. Es gibt kein Gesetz, das besagt, dass niemand im Stau stehen darf. Im Gegenteil, es ist normal im Stau zu stehen. Jedem passiert das"

Zu 2. „Kann ich wirklich wissen, dass es besser wäre, wenn ich nicht im Stau stehen würde?" „Ich kann es nicht wissen. Um es wissen zu können, müsste ich in die Zukunft sehen können."

E = Effektive neue Überzeugung: Stellen Sie sich vor, wie ein weiser Mann (oder Frau) in dieser Situation reagieren würde. Was würde *Epiktet* Ihnen sagen oder der *Dalai Lama*? Wenn Sie jemand anderes im Kopf haben, der für Sie sehr weise ist, nehmen sie ihn.

Beispiel: „Es passiert leider, dass man ab und zu im Stau steht. Das geht allen so. Es ist unangenehm, aber nicht wirklich schlimm. Ich kann jetzt nichts machen. Es hilft nicht, dass ich angespannt und unruhig bin. Dadurch löst sich der Stau nicht auf. Ist nicht alles ok jetzt? Es ist warm, ich höre schöne Musik. Warum kann ich nicht einfach entspannen und diesen Moment genießen?"

Wann? Wie oft?

1. Einmal täglich für drei Wochen. Sie können ein oder mehrere Themen bearbeiten. Aber bitte nicht zu viele auf einmal.

2. Wenn Sie diesen Prozess verinnerlicht haben, können Sie die Kurzform des ABCDE-Prozesses anwenden: Wenn das auslösende Ereignis (A) auftritt, machen Sie zwei tiefe Atemzüge oder die 4-7-8-Atmung und anschließend denken oder sagen Sie die *effektiven Überzeugungen*.

Vertiefende Hinweise:

- **Einmal pro Tag**: Sie können ABCDE als Routine einführen. Machen Sie beispielsweise abends diesen Prozess.

- **Schriftlich**: Bringen Sie den ABCDE-Prozess zu Papier. Das ist wichtig. Ihre Gedanken sind besser geordnet und die Wirkung ist stärker. Erst später, wenn Sie den Prozess wirklich verinnerlicht haben, können

Sie ihn im Kopf durchgehen. Aber auch dann empfiehlt es sich, ihn ab und zu schriftlich zu machen.

- **Universal**: Sie können jeden Gedanken und jede Überzeugung mit dieser Methode analysieren.

- **Zu B - kühle und heiße Überzeugungen**: Stellen Sie sich vor, Sie hatten ein Vorstellungsgespräch und haben den Job nicht bekommen. Sie denken: „Naja, schade. Ich werde mich beim nächsten Mal besser vorbereiten." Das sind kühle Gedanken. Sie erzeugen kaum Gefühle. Wenn Sie stattdessen denken: „Mist, ich bin so eine Niete! Ich werde nie einen Job bekommen. Ich werde in der Gosse landen!" Das sind heiße Überzeugungen. Sie erzeugen wesentlich stärkere Gefühle.

Bei stärkeren Überzeugungen sollten Sie die Disputation intensiver führen. Das bedeutet, Sie können die Disputation als Selbstgespräch führen mit lauter Stimme und überzeugter Körpersprache. Sie können die Fäuste ballen oder was immer zu der Disputation passt. Dadurch erhöhen Sie den Effekt der Disputation.

- **C - Rückwärtsschluss:** Oftmals sind wir

uns unserer Gedanken nicht bewusst. Wir bemerken das Gefühl, aber nicht die vorangegangenen Überzeugungen. Das macht gar nichts. Anhand der Gefühle, die auftauchen, können Sie auf Ihre Überzeugungen schließen.

Je intensiver Ihre Gefühle sind, desto härter und unrealistischer sind Ihre Überzeugungen.

Wenn Sie Wut verspüren, so wird Ihre Überzeugung nicht sein: „Meine Frau ist irgendwie etwas unangenehm." Nein, Sie werden eher denken: „Kann die nicht mal die Klappe halten? Ich will doch nur einfach in Ruhe fernsehen! Ich habe den ganzen Tag gearbeitet und will nur meine Ruhe! Sie macht das immer! Ich kann das nicht ertragen!"

- **Zu D**: „Wahr" bedeutet, dass es diese Sache wirklich gibt." Sie können sich fragen: „Was sieht eine Kamera?" Wenn ich denke: „Ich bin ein Versager!" Gibt es Versager? Nein! Es kann sein, dass wir Fehler machen, das heißt aber nicht, dass ich ein Versager bin.

- **Zu D**: Dazu gibt es ein paar Unterfragen, die Sie sich stellen können. Sie können die Wirkung vertiefen oder die Sache klären: *Unterfrage # 1*: „Kann ich wirklich wissen, dass es für *mich* besser wäre, wenn (Ihr Wunsch)?"

Unterfrage # 2: „Kann ich wirklich wissen, dass es für den / die *anderen* besser wäre, wenn (Ihr Wunsch)?"

Unterfrage # 3: „Kann ich wirklich wissen, dass es auf *lange Sicht* (in 10 Jahren) besser wäre, wenn (Ihr Wunsch)?"

- **ABCDE in Kurzform**: Wenn Sie zu einem speziellen Thema den Prozess häufiger gemacht haben, können Sie ihn abkürzen. Taucht das auslösende Ereignis auf, können Sie Ihre effektiven Überzeugungen direkt anwenden. Optimal ist, wenn Sie erst zweimal tief atmen oder die 4-7-8-Atmung machen und dann Ihre effektiven Überzeugungen denken oder aussprechen.

Beispiele zum ABCDE-Prozess

Auf den ersten Blick sieht der ABCDE-Prozess kompliziert aus, aber mit etwas Übung werden Sie feststellen, wie einfach er eigentlich ist. Nachfolgend ein paar Beispiele, damit Sie den Prozess besser kennenlernen.

Beispiel

Vorstellungsgespräch

A (Activating Event) = Auslösendes Ereignis: Fred geht zu einem Vorstellungsgespräch und wird abgewiesen. Dies ist das auslösende Ereignis.

B (Beliefs) = Überzeugungen: Dies sind die Gedanken, Einstellungen und Überzeugungen zu dem auslösenden Ereignis. Fred denkt sich: „Ich sollte die Stelle kriegen! Ich sollte nicht so unfähig sein!" Das sind heiße Gedanken.

C (Consequences) = Konsequenzen: Dies sind die Folgen aus den Überzeugungen. Und zwar die Gefühle, die entstehen und eventuelle Handlungen, die durch die Überzeugungen und Einstellungen ausgelöst werden. Bei Freds heißen Überzeugungen entstehen intensive Gefühle: Fred wird sich schlecht fühlen. Sein Selbstwertgefühl leidet und er wird sich höchstwahrscheinlich nicht wieder be-werben. Das sind die Konsequenzen.

D = Disputation: Wir untersuchen die Überzeu-gungen eine nach der anderen.

„Ich sollte die Stelle kriegen!"

1. *Ist das wahr? Wo ist der Beweis?* Gibt es einen Beweis, dass Fred die Stelle kriegen sollte? Nein! Es gibt kein Gesetz das besagt, dass Fred die Stelle kriegen sollte.

2. *Kann Fred wirklich wissen, dass es besser ist, wenn er die Stelle bekommen hätte?* Wir untersu-chen dies gleich mit den Unterfragen:

Unterfrage # 1: Kann Fred wirklich wissen, dass es für ihn besser wäre, wenn er die Stelle bekommen hätte? Nein! Dafür müsste Fred in die Zukunft sehen können. Vielleicht bekommt er später eine bessere Stelle angeboten oder er erkennt, dass ihm dieser Job-Typ gar nicht liegt.

Unterfrage # 2: Kann Fred wirklich wissen, dass es für die anderen besser wäre, wenn er die Stelle bekommen hätte? Für die Firma, die ihn abgelehnt hat, ist es offensichtlich besser, dass er die Stelle nicht bekommen hat.

Unterfrage # 3: Kann Fred wirklich wissen, dass es auf lange Sicht (in 10 Jahren) besser wäre, wenn er die Stelle bekommen hätte? Nein. 10 Jahre ist eine lange Zeit. Wahrscheinlich wird sich Fred nicht einmal an dieses Vorstellungsgespräch erinnern.

„Ich sollte nicht so unfähig sein!"

1. Ist das wahr? Wo ist der Beweis? War Fred wirklich unfähig? Was heißt es genau, unfähig zu sein? Fred müsste erst herausfinden, was genau der Grund für die Ablehnung war. Falls Fred es überhaupt verursacht hat, so kann er realistischer sagen, dass er nicht gut genug vorbereitet war.

Unterfrage # 1: Kann Fred wirklich wissen, dass es für ihn besser wäre, wenn er fähig gewesen wäre? Nein! Vielleicht hätte er die Stelle auch nicht erhalten, wenn er fähig gewesen wäre. Falls er die Stelle bekommen hätte, so wüsste Fred nicht, ob das für ihn optimal ist. Denn dafür müsste Fred in die Zukunft sehen können. Vielleicht hätte er dadurch ein besseres Stellenangebot verpasst.

Unterfrage # 2: Kann Fred wirklich wissen, dass es für die anderen besser wäre, wenn er fähig gewesen wäre? Das weiß Fred ebenfalls nicht.

Unterfrage # 3: Kann Fred wirklich wissen, dass es auf lange Sicht (in 10 Jahren) besser wäre, wenn er fähig gewesen wäre? Nein. 10 Jahre ist eine lange Zeit. Wahrscheinlich hat Fred eine andere und bessere Stelle angetreten.

E = effektive neue Philosophie: Schade, ich hätte die Stelle gerne gehabt, aber es gibt genügend andere Stellenangebote. Dass ich diese Stelle nicht erhalten habe, sagt nichts über mich als Person aus. Es kann allerdings sein, dass ich einen Fehler begangen habe.

Beispiel Ende

Ob Sie es glauben oder nicht, wir denken alle ähnlich. Überzeugungen wiederholen sich und können in 11 Kategorien eingeteilt werden. Diese stelle ich Ihnen im Folgenden vor.

Kategorien von Überzeugungen

1. Überzeugung: *"Ich muss von jedem wichtigen Menschen in meiner Umgebung geliebt werden und von ihm Zustimmung bekommen. Andernfalls ist das entsetzlich."*

Beispiele: "Ich habe Angst, um eine Verabredung zu bitten."

"Ich könnte es nicht aushalten, wenn er wütend auf

mich wäre."

"Ich würde alles für diesen Menschen tun!"

Diese Überzeugung kommt sehr häufig vor. Frauen sind anfälliger für diese Gedanken.

Effektive Überzeugung: Ich habe keine magische Macht über andere Leute, ich kann sie nicht zwingen, mich zu lieben oder mir zuzustimmen. Es kommt vor, dass ich nicht geliebt werde oder keine Zustimmung erhalte. Das hat nichts mit mir und meinem Wert zu tun.

2. Überzeugung: *"Wenn jemand anderes sich schlecht oder unfair verhält, dann muss er getadelt werden, ihm einen Verweis erteilen oder ihn bestrafen. Denn er ist schlecht oder ein verdorbenes Subjekt."*

Beispiele: "Es ist alles dein Fehler!"

"Du hättest mir das nicht antun dürfen!"

"Ich werde es ihm heimzahlen!"

"Meine Eltern hätten fair sein sollen, dann säße ich jetzt nicht in diesem Schlamassel!"

Effektive Überzeugung: Bestimmte Handlungen sind unangemessen oder unsozial. Das heißt nicht, dass die ganze Person deswegen schlecht oder verdammenswert ist. Nur seine Handlung ist es. Oft geschieht das aus eigenem Leid oder Unwissenheit heraus.

3. Überzeugung: *"Es ist schlimm, wenn die Din-*

ge nicht so sind, wie ich sie gerne haben möchte!"

Beispiele: "Ich will nicht unfair behandelt werden!"

"Ich laufe ständig hinter dir her und räume auf!"

"Ich habe überhaupt keine Zeit mehr für mich selbst!"

"Ich kann ohne das nicht auskommen!"

Die Beispiele sind unvollendete Sätze. Dahinter steckt die Schlussfolgerung, dass es anders sein sollte. Das kommt sehr häufig vor. Sehr häufig, wenn wir leiden, dann liegt das daran, dass wir möchten das es anders ist. Das ist an sich nichts schlimmes, es ist zulässig, dass wir Situationen ändern möchten. Problematisch wird es nur, wenn es nicht sein *darf*. Das heißt, wenn implizit gesagt wird, dass es schlimm oder entsetzlich ist, so wie es ist.

Effektive Überzeugung: Es ist schade, dass es nicht so ist, wie wir es gerne hätten. Aber so ist das Leben. Eigentlich ist es so gut wie nie so, wie wir es gerne hätten. Es ist weise, dies zu akzeptieren. Das heißt nicht, dass wir nicht versuchen können es zu ändern, aber aus einem inneren Frieden heraus.

4. Überzeugung: *"Ich sollte mich über Ereignisse, die ungewiss oder potenziell gefährlich sind, sehr ängstigen."*

Beispiele: "Ich kann an nichts anderes mehr denken."

"Es könnte geschehen!"

"Ich soll auf ein Pferd steigen?"

"Aber wie kann ich sicher sein, dass es nicht geschehen wird?"

Diese Überzeugung beruht auf dem Streben nach Sicherheit im Leben. Leider ist das Leben unsicher. Wir haben keine Kontrolle. Wir handeln uns dadurch ein zusätzliches Problem ein: Denn wir regen uns nicht nur auf, wenn das Ereignis tatsächlich eintritt, sondern schon vorher. Die Sorgen und Ängste im Vorhinein bringen rein gar nichts.

Effektive Überzeugung: Besser ist es, der Gefahr ins Auge zu sehen und sich entsprechend darauf vorzubereiten. Davor zu jammern, bringt nichts.

5. Überzeugung: *"Ich bin wertlos, wenn ich nicht durch und durch kompetent und jeder Situation stets gewachsen bin und wenn ich nicht jederzeit erfolgreich bin, oder zumindest die meiste Zeit in einem der wichtigeren Bereiche."*

Beispiele: "Was bin ich doch für ein Idiot!"

"Ich hätte die Kinder nicht anschreien dürfen!"

"Ich bin nicht intelligent genug für das Studium."

"Ich hätte nicht so schnell einen Orgasmus haben sollen."

Diese Überzeugung ist sehr verbreitet. Von ihr sind eher Männer betroffen. Der Betreffende denkt, er sei ein Versager, wenn er in einer bestimmten Sache versagt hat.

Effektive Überzeugung: Kein Mensch kann alles immer. Das ist nicht möglich. Jeder macht Fehler und hat Schwächen. Bin ich etwa Gott, dass ich so etwas von mir erwarte?

6. Überzeugung: *"Es muss eine perfekte Lösung für dieses Problem geben; ich muss sicher sein und vollkommene Kontrolle über die Dinge haben."*

Beispiele: "Ich kann einfach keine Entscheidung treffen."

"Es muss einen besseren Weg geben."

"Doktor, meinen Sie, dass Sie mir sagen können, was ich tun soll?"

"Aber wie kann ich sicher sein?"

Diese Überzeugung hat zwei irrationale Bausteine: Zum einen glauben wir, dass es eine perfekte Lösung gäbe und dass wir diese finden müssen. Wenn wir es nicht finden, ist das schlimm. Zum anderen streben wir nach völliger Kontrolle und Sicherheit. Die gibt es nicht. Wir haben nur sehr eingeschränkt Kontrolle über das Leben. Diese Überzeugung kann sich auch auf andere Menschen beziehen, wenn diese keine perfekte Lösung anbieten können. Dies kann sich dann in Ärger und Wut äußern.

Wir haben bei weitem nicht so viel Kontrolle, wie wir denken. Der große Philosoph *Epiktet* sagte vor etwa 2000 Jahren:

„Einige Dinge stehen in unserer Macht, andere hingegen nicht. In unserer Macht sind Urteile, Bestrebungen, Begier und Ablenkung, mit einem Wort alles das, was Produkt unseres Willens ist. Nicht in unserer Macht sind unser Leib, Besitz, Ehre, Amt, und alles, was nicht unser Werk ist."

Ein starkes Zitat eines großen Philosophen. Wenn Sie sich über das Verhalten anderer Leute ärgern, so ist das nur zu verständlich, aber nicht hilfreich. Sie haben keine Kontrolle über das Verhalten anderer. Sie können sich also entspannen. Das gleiche gilt mit dem Wetter, ob Sie im Stau stehen oder ob Sie krank werden. Es liegt nicht in Ihrer Macht.

Effektive Überzeugung: Unsere Welt und unser Leben ist ungewiss und unsicher. Trotzdem kann es genossen werden.

7. Überzeugung: *„Die Welt sollte fair und gerecht sein."*

Beispiele: "Wie konnte sie mir dies antun?"

„Warum passiert so etwas immer mir?"

„Sie hatten kein Recht, mich zu feuern."

„Sie können mir nicht sagen, was ich tun soll."

Wir müssen alle lernen, dass das Leben manchmal unfair und ungerecht ist: Ein Kollege, der weniger Leistung bringt, wird vor uns befördert. Man wird vom Chef runter gemacht, obwohl wir keinen Fehler gemacht haben. Sie kennen sicher viele andere Beispiele aus Ihrem eigenen Leben. "Die Welt sollte fair sein" ist ein frommer Wunsch, aber leider nicht die Realität.

Effektive Überzeugung: Es wäre schön, wenn die Welt fair wäre. Leider ist es nicht so. Es ist klug, dies zu akzeptieren.

8. Überzeugung: *„Ich sollte die ganze Zeit über angenehm und ohne Leid leben können."*

Beispiele: „Es ist einfach zu schwer."

"Aber ich mag es nicht."

„Ich kann das nicht aushalten."

„Was, ich soll zum Zahnarzt gehen? Das schmerzt zu sehr."

Diese Überzeugung ist ein Zeichen niedriger Frustrationstoleranz und führt oft zu Süchten und Verhaltensexzessen oder wenigstens zu Wehleidigkeit und Nörgelei. Angst vor Unannehmlichkeiten hindert uns daran, langfristige Ziele zu erreichen.

Effektive Überzeugung: Es wäre schön, wenn ich niemals leiden müsste. Leider ist das Leben nicht so. Ich entscheide mich, Unannehmlichkeiten auszuhalten, auch wenn es mir nicht gefällt.

9. Überzeugung: *„Ich könnte den Verstand verlieren, und das wäre unerträglich."*

Beispiele: „Ich kann nicht einmal mehr klar denken."

"Ich habe solche Angst, dass ich mich nicht beherrschen kann."

"Ich habe solche Angst überzuschnappen!"

„Ist das normal?"

Die Angst verrückt zu werden, ist eine weit verbreitete Angst. Wir haben die abenteuerlichsten Vorstellungen über Psychiatrie. Wir denken wir würden in eine Klapsmühle eingesperrt werden.

Effektive Überzeugung: Eine emotionale Störung ist gewiss nichts erfreuliches, aber sie ist kaum unerträglich.

10. Überzeugung: *„Emotionales Leid kommt von außen, und ich habe wenig Möglichkeiten, meine Gefühle zu kontrollieren oder zu ändern."*

Beispiele: „Ich werde vollkommen zerstört sein, wenn sie mich verlässt."

„Er macht mich dermaßen wütend."

„Wenn du aufhören würdest, an mir herum zu nörgeln, könnte ich mich ändern."

„Wenn ich diese Arbeit bekäme, dann wäre ich glücklich."

Die Idee, dass unsere Gefühle allein von den äußeren Umständen abhängen, ist sehr verbreitet. Aber wir wissen nun, dass das nicht stimmt: Unsere Überzeugungen machen unsere Gefühle. Die Überzeugung Nummer zehn macht uns zum Opfer: Unsere Umstände lassen uns leiden und oftmals können wir die Umstände nicht ändern. Dies ist eine

Entschuldigung und Ausrede und führt dazu, dass wir in unserem emotionalen Leid verharren.

Effektive Überzeugung: Leid wird durch unsere Sicht der Dinge, unsere Überzeugungen verursacht und nicht durch die Situation selbst. Das ist großartig, denn dadurch müssen wir nicht mehr leiden.

11. Überzeugung: *„Die Ursache meiner gegenwärtigen Probleme liegt in meiner Vergangenheit. Weil vergangene Ereignisse einen steinstarken Einfluss auf mich ausgeübt haben, werden sie das auch in Zukunft tun."*

Beispiel: „Nun, ich wurde ebenso erzogen."

„Ich hatte eine schlimme Kindheit."

„In Wirklichkeit ist meine Mutter schuld. Sie hat mich zu dem gemacht, was ich bin."

Diese Überzeugung impliziert, dass wir uns nicht ändern können. Wir können nichts tun, da die Vergangenheit unsere jetzige Gefühlswelt verursacht hat. Deswegen ist es wichtig, diese Überzeugung zu diskutieren.

Effektive Überzeugung: Wo ist der Beweis für diese Überzeugung? Ich kann aus vergangenen Erfahrungen lernen, und mich ändern.

Alle Ihre Überzeugungen fallen in eine oder mehrere der Kategorien. Gerade am Anfang kann es hilfreich sein, damit zu arbeiten. Es gibt Ihnen Hinweise, was genau an Ihrer Überzeugung nicht stimmt und wie Ihre *effektive Überzeugung* aussehen kann. Sie müssen nicht unbedingt mit den Kategorien arbeiten, aber wenn Sie mal nicht weiter kommen, schauen Sie ruhig rein.

Ein weiteres Beispiel

Schauen wir uns ein anderes Beispiel an:

Beispiel

„Mein Chef sollte mich mehr loben und anerkennen!"

A: Bob hat in seiner Arbeit einen großen Erfolg errungen. Sein Chef sagt nichts dazu.

B: Bob denkt sich: „Mein Chef sollte mich mehr loben und anerkennen!"

C: Bob ärgert sich und ist demotiviert.

D: Es handelt sich um Überzeugung eins, drei oder sieben.

1. *Ist es wahr?* Ich weiß nicht, ob er mich nicht anerkennt, denn dafür müsste ich seine Gedanken lesen können. Er erkennt mich insofern an, da er mir mein Gehalt bezahlt. Das ist viel wert!

2. *Kann ich wissen, dass es besser für mich wäre?* Ich kann es nicht wissen. Lob tut gut, aber richtig wichtig ist es nicht.
Kann ich wissen, dass es besser für ihn wäre? Für meinen Chef wahrscheinlich nicht, denn sonst würde er es tun. Er hat vermutlich zu viel zu tun.
Auf lange Sicht? Wer weiß, was in 10 Jahren ist.

Vielleicht habe ich eine ganz andere Stelle.

E: Was mein Chef tut, liegt nicht in meiner Macht. Er erkennt meine Leistungen an, indem er mich bezahlt. Es wäre nett, wenn er mich lobt, aber es ist meine Entscheidung, ob ich es als wichtig erachte.

Beispiel Ende

Bei der Disputation sind Sie frei, es gibt keine festen Regeln. Seien Sie ruhig kreativ. Wichtig ist, dass Sie sich mit der Disputation besser fühlen. Aber führen Sie sich nicht selbst an der Nase herum. Bei der Disputation geht es um die Wahrheit. Ersetzen Sie nicht Ihre Überzeugungen aus *B* durch solche, die ebenso unwahr sind. Zum Beispiel: "Ich bin der Größte! Ich bin perfekt! Deswegen brauche ich keine Anerkennung!". Diese Überzeugungen lassen Sie sich besser fühlen, aber es ist nur kurzfristig. Da Sie schnell erkennen werden, dass auch diese Überzeugungen nicht stimmen. Die Realität gewinnt immer.

Möchten Sie mehr wissen? Folgende Bücher und Links sind wahre Perlen:

- Ellis (2006): Training der Gefühle: Wie Sie sich hartnäckig weigern, unglücklich zu sein. *Amazon: http://tinyurl.com/yb9l4rl2* Dieses Buch ist von Dr. Albert Ellis. Er ist einer der Begründer der kognitiven Verhaltenstherapie. Dieses Buch wird Ihr Leben verändern.

- Boerner: 30 Minuten Ärger und Frustration

auflösen. *Amazon:*
http://tinyurl.com/Boerner
Dieses Buch ist schnell zu lesen. Es wird allerdings nicht das ABCDE-Modell erklärt, sondern ein sehr ähnliches, und zwar The-Work. Obwohl es nicht ganz das gleiche ist, können Sie sehr viel aus diesem Buch lernen, da es hervorragend erklärt ist. Einige der Beispiele und Ansätze für dieses Buch wurden daraus entnommen.

• In *YouTube* gibt es viele sehenswerte Videos, wie zum Beispiel: Disputation: http://tinyurl.com/ya72e5vq. Ich empfehle sehr Videos von *Byron Katie*. Sie ist die Gründerin der Methode *TheWork*. Wie gesagt, diese Methode und der ABCDE-Prozess sind sehr ähnlich. Wenn Sie sich dies anschauen möchten, können Sie dies beispielsweise unter Byron Katie: http://tinyurl.com/ya8blefg tun.

Zusammenfassung

• Der präfrontale Cortex ist der Chef. Er denkt logisch und löst Probleme.

• Er schätzt Situationen ein und übermittelt dies der Amygdala. So hat die Amygdala in der Kindheit gelernt, eigentlich ungefährliche Situationen als gefährlich einzuschätzen.

71

- Glücklicherweise kann dieser Prozess rückgängig gemacht werden: Der präfrontale Cortex bewertet Situationen neu und gibt dies an die Amygdala weiter. Da weniger Situationen als gefährlich bewertet werden, löst die Amygdala seltener die Stressreaktion aus.

- Es geht also um Neubewertungen. Deswegen haben Sie in diesem Kapitel Techniken kennengelernt, die mit Gedanken und Überzeugungen arbeiten.

- Die Technik *Leg den Schalter um!* wird eher situativ angewendet.

- Der *ABCDE-Prozess* ist sehr tiefgehend und sollte schriftlich gemacht werden.

Kapitel vier:
Die 4-Schritte-Formel

„Glück lässt sich nicht erzwingen, aber es mag hartnäckige Menschen." – Anonym

In diesem Kapitel...

- Die 4-Schritte-Formel macht dem Stress den Garaus

- Jedes Problem hat eine innere und äußere Front.

- Die ABCDE+1 als Kern

- Sorgen Sie für Abwechslung

Sie haben wirkungsvolle Techniken kennengelernt, um Ihren Stress ein für alle Mal Adé zu sagen. Die 4-Schritte-Formel bringt alles in eine simple Schritt-für-Schritt-Anleitung. Sie hat sich bewährt und Sie werden sehen, wie Ihr Stress abnimmt.

Schauen wir uns dies näher an:

1. Schritt: Finden Sie die Gründe für Ihren Stress und eliminieren Sie sie

Schauen wir uns dazu ein kurzes Beispiel an.

Fabian ist seit 12 Jahren verheiratet. Aus seiner Sicht nörgelt seine Frau Liz ständig an ihm rum und sie streiten häufig. Seine Beziehung empfindet er als stressig. Er kann nun an der inneren und

73

äußeren Front des Problems arbeiten:

- **Innere Front** *bedeutet, dass Fabian an seinem inneren Umgang arbeitet. Er könnte beispielsweise das ABCDE-Modell anwenden und seine Glaubenssätze überprüfen und disputieren. Er könnte auch die "Leg den Schalter um!-Technik" anwenden, um Streits als Herausforderungen zu sehen. Dies gäbe ihm Kraft.*

- **Äußere Front***: Hierbei versucht Fabian die äußeren Umstände zu ändern. Ist eine wiederkehrende Beschwerde seiner Frau, dass er den Mülleimer zu spät rausbringt, so könnte er sich bemühen, den Mülleimer öfters zu leeren. Eine andere Möglichkeit an der äußeren Front zu arbeiten ist es, dass Fabian sich von seiner Frau trennt.*

Bei einem Problem können wir immer an beiden Fronten arbeiten. Haben Sie Stress auf der Arbeit, so können Sie mit Hilfe des ABCDE-Prozesses lernen, damit besser umzugehen. Oftmals kann das schon ausreichen. Es schadet aber nie, zu prüfen, ob Sie die äußere Situation nicht auch verbessern können.

Karl kam oft zu spät. Besonders bei seiner Arbeit war das ein konstanter Stressfaktor. Er setzte sich selbst sehr unter Druck und geriet in Stress.

- **Innere Front**: *Zum einen schaute er sich an, welche Glaubenssätze dazu führten, dass er zu spät kam. Zum anderen arbeitete er mit Hilfe des ABCDE-Prozesses daran, im Frieden zu sein, dass er zu spät kam.*
- **Äußere Front**: *Karl trainierte, pünktlich loszufahren. Er stellte sich dazu einen Alarm auf seinem Handy. Zusätzlich stand er jeden Morgen 10 Minuten früher auf. Karl schaffte es dadurch, wesentlich häufiger pünktlicher zu sein.*

Im ersten Schritt geht es erst einmal um die Diagnose. Oftmals sind wir uns gar nicht bewusst, welche Situationen Stress auslösen.

1. **Seien Sie Stress-Detektiv**: Identifizieren Sie Ihre stressauslösenden Situationen. Nehmen Sie ein Blatt Papier und schreiben Sie Situationen nieder, in denen Sie sich gestresst fühlen. Finden Sie mindestens drei Situationen. Unter folgendem Link finden Sie häufige Ursachen für Stress auf dem Arbeitsplatz: http://bit.ly/1I1kUaz.

Ich muss Ihnen etwas gestehen: Ich habe viele Ratgeber gelesen. Immer wenn es darum ging, dass ich etwas aufschreiben musste, meine Glaubenssätze oder sowas, dann legte ich das Buch beiseite. Das war mir zu mühsam. Sie sind vielleicht auch in der Versuchung, das gleiche wie ich zu tun. Machen Sie es nicht! Schreiben Sie die Stress-Situationen auf und folgen Sie der 4-Schritte-Formel. Das Aufschreiben geht wirklich ganz schnell. Machen Sie es nach Gefühl. Sie können die Liste später noch immer verändern. Es lohnt sich! Ihr Leben wird sich verbessern. Wenn es Ihnen schwerfällt, dann schreiben Sie nur eine Situation auf. Hauptsache, Sie fangen an.

2. **Rangliste**: Überlegen Sie dann, wie stark die Stressbelastungen in den einzelnen Situationen sind. Schätzen Sie diese auf einer Stressskala ein:

0 = gar nicht belastend und völlig neutral,
.
.
10 = maximal stressige Situation.

Erstellen Sie nun eine Rangliste. Oben steht die stressigste Situation, ganz unten die am wenigsten stressigste Situation.

3. **Maßnahmen**: Fangen Sie mit der Situation an, die am meisten Stress bei Ihnen auslöst. Überlegen Sie, wie Sie die äußere Front verbessern können. Können Sie äußere Stressoren eliminieren? Überlegen Sie, was

Sie tun können. Versuchen Sie, jeweils drei Maßnahmen zu finden.

So könnte eine Rangliste aussehen.

stressauslösende Situation	Belastung	mögliche Maßnahmen
Streit mit Partner	8	1. Zur Paartherapie gehen 2. bessere Kommunikation 3. Trennung
Verspätungen zur Arbeit	6	1. 10 Minuten früher aufstehen 2. Alarm stellen 3. Gleitzeit einrichten
Präsentationen für Kunden	6	1. Workshop für Präsentationen besuchen 2. regelmäßige Entspannungsübungen 3. Mit Chef sprechen und um Entlastung bitten

Je präziser Sie die Situation beschreiben, desto besser. Wenn Sie auflisten "Stress auf der Arbeit", so ist das zu allgemein. Identifizieren Sie, was genau Sie stresst. Je genauer die Situation, desto leichter können Sie Gegenmaßnahmen finden. Wenn *Präsentationen* Stress bei Ihnen auslösen, können Sie gezielt Lösungen finden. Bei "Stress auf der Arbeit" stochern Sie dagegen im Dunkeln.

Ihre Aufgabe ist nun, dass Sie versuchen, die Maßnahmen umzusetzen. Dadurch können Sie Ihren Stress erheblich verringern.

2. Schritt: ABCDE+1

In diesem Buch legen wir den Schwerpunkt auf die innere Front. Warum? Oft sind äußere Umstände nicht zu ändern oder nicht zur vollständigen Zufriedenheit. Die Erfahrung zeigt, dass eine Verbesserung der äußeren Umstände den Stress mildern, ihn aber nur sehr selten vollständig auflöst. Tatsächlich ist die innere Front wichtiger, als die äußere. Äußere Umstände sind nur schwer zu beeinflussen, Ihr Denken dagegen können Sie viel leichter ändern.

*Denken Sie an den großen Philosophen und Sklaven **Epiktet**. Er war in einer sehr leidvollen Situation gefangen: Er war Sklave und jederzeit der Willkür seines Herrn ausgeliefert. Jederzeit konnte er misshandelt oder sogar getötet werden. Er konnte nichts an der äußeren Front ändern. Er fand Frieden, indem er ausschließlich an der inneren Front arbeitete. Erstaunlich! Seine Situation war so schrecklich, aber er fand Frieden damit, nur indem er seine Einstellungen und Gedanken änderte. Das können wir auch!*

Wenden Sie den **ABCDE-Prozess** einmal täglich an, und zwar für **drei Wochen**. Sie werden sehen, wie entspannt Ihr Leben wird. Es reicht aus, wenn Sie ihn nur ein paar Minuten machen, aber es muss schriftlich sein. Gedanken sind flüchtig und schwer festzuhalten. Deswegen zerren wir sie ans Tageslicht, indem wir unsere Gedanken niederschreiben. Dadurch werden wir unserer Gedanken erst richtig bewusst - wir sehen sie schwarz auf weiß auf unserem Papier. Viele machen die Erfahrung, dass Sie erstaunt sind, welch seltsamen und irrationalen Gedanken sie haben. Andere wundern sich, wie negativ und gemein die Stimme in ihrem Kopf ist.

„Es war in diesem Moment, ich lag nachts im Bett, als ich erstmals realisierte, dass die Stimme in meinem Kopf - der ständige Kommentar, der mein Bewusstsein dominierte seitdem ich denken kann - eine Art Arschloch war."
Dan Harris

Der ABCDE-Prozess beeinflusst den präfrontalen Cortex. Wir wenden den ABCDE-Prozess an, wenn wir *nicht* im Stress sind. Dadurch ändern wir die Bewertung einer Situation.

Es ist aber auch wichtig, in der akuten Stresssituation selbst, den Stress abzumildern. Wenden Sie eine weitere Technik an: Wählen Sie aus, welche Ihnen am leichtesten fällt und welche bei Ihnen am besten wirkt. Sie können wählen zwischen der *4-7-8-Atmung* und der *SSBB-Technik*. Dies sind akute Techniken, die direkt auf die Amygdala wirken. Alle sind sehr wirksame und können ohne großen Aufwand, einfach zwischendurch eingesetzt werden.

3. Schritt: Kurz-ABCDE und Abwechslung

Nach drei Wochen können Sie Ihre Praxis vereinfachen:

- **Kurz-ABCDE**: Sie können nun den *ABCDE-Prozess* im Alltag anwenden, immer wenn es nötig ist. Sie machen dies nicht schriftlich - dafür haben wir meist die Zeit nicht. In der Kurzvariante reicht es aus, wenn Sie sich Ihre **effektiven Überzeugungen** vorsagen. Dies ist sehr effektiv. Sie unterbrechen Ihre negativen Selbstgespräche und sagen sich innerlich oder auch laut Ihre effektiven Überzeugungen. Das ist wesentlich wirksamer als nur einfach seine Gedanken zu stoppen. Sie haben zu allen Situationen schon schriftlich den ABCDE-Prozess gemacht, so dass die Kurz-Variante ausreicht.

Angenommen, Sie stressen sich gerade, weil Sie wieder einmal zu spät sind. Ihre effektive Überzeugung lautet: "Wenn ich mich stresse, werde ich auch nicht schneller ankommen. Wenn ich ein paar Minuten später komme, ist das zwar nicht optimal, aber auch nicht schlimm. Mir ist meine Gesundheit wichtiger und ich entspanne mich."

Bevor Sie die Kurz-ABCDE anwenden, atmen Sie zweimal tief ein- und aus, um den akuten Stress zu dämpfen.

- **Ein- bis dreimal schriftlich**: Nach drei Wochen sind Sie schon sehr vertraut mit dem ABCDE-Prozess. Es reicht nun aus, wenn Sie den langen Prozess ein- bis dreimal pro Woche schriftlich machen.

Ein Tipp: Variieren Sie Ihre Techniken. Unser Gehirn mag Abwechslung. Probieren Sie ruhig eine andere Technik aus: Wenn Sie bislang *SSBB* praktiziert haben, versuchen Sie die *4-7-8-Atmung*. Sie können auch die *Leg den Schalter um!*- Technik in akuten Situationen anwenden. Atmen Sie zweimal tief in den Bauch ein und aus. Dann Legen Sie den Schalter um.

4. Schritt: Pflanzliche Heilmittel und Nahrungsergänzungen

Benutzen Sie von Anfang an die Kräuter und Nahrungsergänzungen aus dem Bonuskapitel. Das sind einfach umsetzbare Mittel, die ohne Aufwand Ihren Stress reduzieren werden. Sie sind sehr gut verträglich und unterstützen Ihren Prozess mühelos.

Zusammenfassung

- Die Techniken in diesem Buch sind sehr wirkungsvoll. Aber wenn wir sie nicht anwenden, nützen sie nichts.

- Die 4-Schritte-Formel sagt Ihnen genau, was Sie wann tun können.

- Seien Sie Detektiv, spüren Sie die Ursachen für Ihren Stress auf und eliminieren Sie diese.

- Praktizieren Sie die Techniken, die Ihnen liegen, aber der ABCDE-Prozess sollte dabei sein.

- Nutzen Sie die Kraft von pflanzlichen Heilmitteln und Nahrungsergänzungen.

Bonus: Wie Sie dran bleiben

"Auch eine Reise von tausend Meilen beginnt mit dem ersten Schritt." – Laotse

In diesem Kapitel...

- Dranbleiben ist das A und O des Erfolgs

- Wie Sie mit Hilfe von Erinnerungs-Apps, der Sonneneruptions-Technik und anderen Techniken, wirklich langfristig am Ball bleiben

Den wichtigsten Baustein, damit Sie Ihren Stress wirklich abbauen, habe ich noch nicht genannt: Sie müssen die hier beschriebenen Techniken anwenden! Mir liegt Ihr Glück am Herzen und deswegen gebe ich Ihnen noch ein paar Hinweise oder *Hacks*, wie Sie die Techniken auch wirklich verwenden.

Einfache Tricks zu Mikro-Taktiken

Was sind Mikro-Taktiken in diesem Buch? Es sind die **SSBB**, die **4-7-8-Atmung** und die **Leg den Schalter um!**-Technik. Diese Techniken kosten uns kaum Zeit, wir können sie jederzeit zwischendurch anwenden. Deswegen werden Sie Mikro-Taktiken genannt. Das Hauptproblem dieser Techniken ist, dass wir sie leicht *vergessen*. Wenn wir uns vornehmen, einmal täglich 30 Minuten zu joggen, so werden wir dies nicht vergessen. Wenn wir uns aber vornehmen, fünfmal täglich *SSBB* zu praktizieren, so kann das schnell vergessen werden. Hierzu gibt es mehr Lösungsmöglichkeiten:

- **Erinnerungs-App**: Es gibt einige Apps, die entweder zu bestimmten Tageszeiten oder in bestimmten Intervallen erinnern. Ich benutze *ReDo Reminder* für Android. Diese App gewinnt sicher keinen Schönheitspreis, ist aber praktisch und einfach zu bedienen. Mit dieser App können Sie sich an die Techniken erinnern lassen.

- **Verknüpfen mit bestehenden Gewohnheiten**: Eine Möglichkeit besteht darin, dass Sie die Techniken mit anderen Gewohnheiten verknüpfen. Sie können Sie sogar mit negativen Gewohnheiten verbinden: In diesem Fall bietet es sich an, dass Sie die Techniken mit Stresssituationen verknüpfen. Zum Beispiel können Sie jedes Mal, wenn Ihr Partner an Ihnen rumnörgelt die *4-7-8-*

Atmung machen. Sie können auch andere Gewohnheiten oder Situationen verknüpfen: Morgens, direkt nach dem Aufwachen, machen Sie ein *SSBB* oder jedes Mal, wenn Sie etwas Süßes essen möchten, praktizieren Sie erst *4-7-8-Atmung*. Überlegen Sie, was am besten für Sie passt.

- **Visualisierung des idealen Tages**: Ferner ist eine sehr wirkungsvolle Technik, Ihren **idealen Tag zu visualisieren.** Sie können das direkt nach dem Aufwachen machen, wenn Sie noch im Bett liegen. Vorausgesetzt, Sie sind nicht zu schlaftrunken. Wenn Sie zu schläfrig sind, so trinken Sie ein großes Glas Wasser oder duschen erst.

Visualisierung des idealen Tags

Ziel: Motivation aufbauen und erinnern

Technik: Sie stellen sich vor, wie Sie Ihre Techniken, die Sie sich für diesen Tag vorgenommen haben, mit Freude machen.

Wie lange? Wie oft? Täglich morgens für 2 – 3 Minuten.

Vertiefende Hinweise:

- **Visualisieren Sie Verknüpfungen**: Zum Beispiel: Sie haben sich vorgenommen, jeweils die 4-7-8-Atmung zu praktizieren, nach 20 Minuten fernsehen, nach dem Sie auf dem Klo waren und bevor Sie etwas essen. Stellen Sie sich vor, wie Sie nach 20 Minuten fernsehen, sich aufrecht hinsetzen und die 4-7-8-Atmung durchführen. Stellen Sie sich vor, wie Sie nach Ihrem Klogang und bevor Sie etwas essen, die Atmung machen.

- **Erfolgreich**: Stellen Sie sich vor, wie Sie Ihre Techniken mit Freude machen und erfolgreich sind.

- **Keine Grenzen**: Sie können auch andere Dinge visualisieren. Vielleicht haben Sie ein Gespräch mit Ihrem Chef, was Sie stresst. Stellen Sie sich vor, wie dieses Gespräch optimal abläuft. Sie können sich vorstellen, was Sie tun, wenn Ihr Chef Sie kritisiert. Falls Sie einen Termin beim Zahnarzt haben, können Sie sich ausmalen, wie Sie gelassen mit der Situation umgehen. Es sind keine Grenzen gesetzt.

Hacks zum ABCDE-Prozess

Wenn Sie es bis hierhin geschafft haben, so sind Sie bereits einen weiten Weg gegangen. Glückwunsch! Trotzdem ist es nicht immer leicht, dranzubleiben. Deswegen sehen Sie nachfolgend ein paar Tipps, die Ihnen den einen oder anderen Motivationsschub geben werden:

- **Sonneneruptions-Technik**: Das Besondere einer Sonneneruption ist, dass sie sehr klein anfängt, dann aber überwältigend wird. Sie können dieses Prinzip nutzen, indem Sie sich vornehmen, nur mit einer winzigen Aktivität anzufangen. Zum Beispiel nehmen Sie sich beim *ABCDE-Prozess* vor, nur **eine Zeile zu schreiben**. Die Idee ist, dass der Anfang schwer ist und uns oft davon abhält, überhaupt etwas zu tun. Wenn wir uns vornehmen, 45 Minuten zu joggen, fällt es uns wesentlich schwerer anzufangen, als wenn wir uns vornehmen, nur zwei Minuten zu laufen. Wenn wir aber erst einmal angefangen haben, werden wir höchstwahrscheinlich weiter machen. Probieren Sie es aus. Sie werden überrascht sein, wie gut die Technik funktioniert.

- **Legen Sie sich fest mit StickK.com**: Bei dieser Seite geht es darum, Ihnen noch einen zusätzlichen Motivationsschub zu geben, um Gewohnheiten aufzubauen. Beispielsweise möchten Sie ab morgen täglich joggen. Sie haben bei *StickK.com* die Möglichkeit Geld einzuzahlen. Sie verlieren Ihr Geld, wenn Sie nicht täglich joggen. Das kann sehr motivierend sein. Es sollte ein Be-

trag sein, der schmerzt, falls Sie ihn verlieren. Also nicht fünf Euro, sondern eher 200
€. Die Webseite *StikK.com* ist gut gemacht.
Es gibt dort noch andere Möglichkeiten,
sich festzulegen. Schauen Sie sich die Seite
an – es lohnt sich.

- **Seinfeld-Kalender und TrackerApp**:
  Die Idee dazu geht auf *Jerry Seinfeld,* den
  Komiker, zurück. Er hatte sich vorgenommen, jeden Tag einen neuen Witz zu erfin-
  den. Hatte er das geschafft, so machte er in
  seinem Kalender ein dickes, rotes Kreuz. Er
  sagt, er dürfe die Kette nicht brechen. Also
  kein Tag ohne dickes, rotes Kreuz. Die Kette
  nicht brechen zu wollen, kann sehr motivierend sein. Sie können gerne einen Kalender
  benutzen, aber eine App tut's auch. Tra-
  ckerApps gibt etliche: Eine einfache App ist

Ziel und Gewohnheit Tracker. Sie ist einfach zu bedienen und funktioniert.

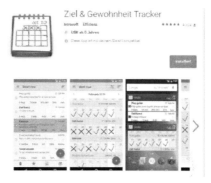

- **Belohnen Sie sich**: Sie können sich belohnen, wenn Sie einen Meilenstein erreicht haben. Zum Beispiel gönnen Sie sich eine Massage, wenn Sie erfolgreich drei Wochen lang, den ABCDE-Prozess schriftlich gemacht haben. Sie können sich auch für Kleinigkeiten belohnen. Wenn Sie beispielsweise den idealen Tag visualisiert haben, gönnen Sie sich ein leckeres Frühstück als Belohnung. Belohnungen sind ein großartiges Werkzeug, um Gewohnheiten positiv zu verstärken. Wir tendieren eher, uns zu kritisieren, wenn wir etwas nicht geschafft haben. Besser ist es, uns zu belohnen, wenn wir etwas Gutes gemacht haben. Das stärkt unser Selbstwertgefühl.

Zusammenfassung

- Die *4-7-8-Atmung*, die *SSBB*-Technik und die *Leg den Schalter um!*-Technik sind jederzeit zwischendurch anwendbar. Das Problem: Schnell werden diese Techniken vergessen.

- Lösungen: Nutzen die eine *Reminder-App*, verknüpfen Sie die Techniken mit bereits bestehenden Gewohnheiten oder praktizieren Sie die Übung *Visualisierung des idealen Tags*.

- Der *ABCDE-Prozess* ist aufwändiger, da er schriftlich gemacht werden sollte (in den ersten drei Wochen). Das Problem: Sie brauchen mehr Motivation, um dran zu bleiben.

- Lösung: Nutzen Sie die Sonneneruptions-Technik, den Seinfeld-Kalender oder StikK.com.

Bonus:
Pflanzliche Heilmittel und Nahrungsergänzungen

"Lieber Gott! Mach doch, dass die Vitamine aus dem Spinat in den Vanillepudding kommen."
Anonym

In diesem Kapitel ...

- Die besten pflanzlichen Heilmittel gegen Stress

- Nahrungsergänzungen zum Abbau von Stress

Bislang haben Sie nur mentale Techniken kennengelernt. Sie sind äußerst wirkungsvoll. Sie können diese Techniken durch pflanzliche Heilmittel und Nahrungsergänzungen unterstützen. Zuerst stelle ich Ihnen pflanzliche Mittel vor:

Ginseng

Über die Wirkung von Ginseng gibt es eine Reihe von Studien. Nachgewiesene Wirkungen sind: Leistungssteigerung, Antidepressivum, nervenstärkend, verbessert das Immunsystem und die Potenz und wirkt sich positiv auf die Leber aus. Ferner wirkt sich Ginseng regulierend auf den Blutzuckerspiegel und Blutfette aus. Ginseng wirkt leicht anregend.

Johanniskraut

Diese Pflanze ist das am besten untersuchteste pflanzliche Heilmittel. Es wirkt stimmungsaufhellend und somit gegen milde bis moderate Depressionen. Die übliche Dosis ist dreimal täglich 300 Milligramm. Allerdings wirkt das Kraut langsam: Erst nach zwei Monaten ist die volle Wirkung zu spüren.

Rosenwurz (Rhodiola)

Wenn Sie milde bis moderate Depressionen haben, oder sich energielos fühlen, können Sie Rosenwurz einnehmen. Studien haben bestätigt, dass Rosenwurz eine signifikant anti-depressive Wirkung bei milden und moderaten Depressionen hat. *Dr. Weil,* einer der führenden Experten im Bereich der Glücksforschung, empfiehlt, dass Sie 100 Milligramm zweimal am Tag einnehmen, und zwar morgens und am frühen Nachmittag. Zu spät eingenommen, kann es Einschlafprobleme verursachen. Sie können die Dosis auf dreimal täglich 200 Milligramm steigern, aber achten Sie darauf, es nicht zu spät einzunehmen. Negative Effekte mit anderen Medikamenten sind kaum untersucht, so dass Sie hier Ihren Arzt fragen sollten.

Ashwagandha

Sie wird auch *Schlafbeere* oder *Winterkirsche* genannt. Studien haben gezeigt, dass *Ashwagandha* Ängste mildert und stimmungsaufhellend wirkt. *Dr. Low Dog,* einer der führenden Experten im Bereich pflanzlicher Medizin, empfiehlt zwei- bis dreimal täglich 300 - 500 Milligramm dieser Pflanze zu sich zu nehmen. Obwohl sie *Schlafkirsche* heißt, hat sie keinen sedativen Effekt und kann hervorragend am Tag eingenommen werden. Laut *Dr. Low Dog* ist *Ashwagandha* einer der wirkungsvollsten pflanzlichen Mittel gegen chronischen Stress, Schlafprobleme und Energielosigkeit.

Baldrian

Diese Heilwurzel hat eine lange und erfolgreiche Geschichte. Es wirkt schlaffördernd und gegen Ängste. Es besteht keine Suchtgefahr. Benutzen Sie standardisiertes Baldrianextrakt mit 0,8 % Baldriansäure. Nehmen Sie mit den Mahlzeiten bis zu dreimal täglich 250 Milligramm ein.

Kava

Kava wirkt sehr gut gegen Ängste. Studien haben ergeben, das Kava ebenso gut gegen Ängste wirkt, wie Benzodiazepine. Es gibt seltene Berichte, dass es Nebenwirkungen auf die Leber hat. Deswegen sollten Leute mit Leberschäden, diese Pflanze meiden. In Zusammenhang mit Alkohol oder Antidepressiva kann Suchtgefahr bestehen. Ansonsten ist die Wurzel sicher. *Dr. Weil* empfiehlt mit einem auf 30 % Kavapyrone standardisiertes Kava-Extrakt. Dies nehmen Sie bis zu dreimal täglich in einer Dosis von 100 oder 200 Milligramm ein. Das Mittel wirkt schnell gegen Ängste. Nehmen Sie es nicht mehr als einige Monate ein.

Pflanzliche Mittel wirken gut gegen Stress und haben kaum Nebenwirkungen. Aber auch mit Nahrungsergänzungen können Sie dem Stress entgegenwirken. Folgende **Nahrungsergänzungen** wirken gegen Stress:

- B-Komplex-Vitamine

- Vitamin C

- Zink

- Magnesium

Zusammenfassung

- Baldrian und Kava wirken gut gegen Ängste.

- Ginseng, Rosenwurz und Johanniskraut sind natürliche Antidepressiva.

- Ashwagandha wirkt sowohl stimmungsaufhellend als auch gegen Ängste.

Zusammenfassung

"Schlage auf den letzten Seiten eines Buchs nach, wenn Du das Finale nicht abwarten kannst. Die Wirklichkeit lässt das nicht zu." – Joachim Panten

Stress ist eine Illusion. Wer hätte das gedacht. Diese Aussage können wir für die langfristige Bekämpfung von Stress nutzen, da wir stressauslösende Situationen nun anders bewerten. In diesem Buch haben Sie die 4-Schritte-Formel kennengelernt. Sie wird Ihren Stress wesentlich mildern und das mit Hilfe einiger weniger Techniken.

Stress können wir einmal akut abmildern und langfristig bekämpfen:

1. **Akute Stressreaktion abmildern**: Das heißt, wir beruhigen die Amygdala mit Hilfe der *4-7-8-Atmung* oder der *SSBB-Technik*.

2. **Das Stressproblem bei der Wurzel packen**: Wir beeinflussen den präfrontalen Cortex, so dass er Situationen neu bewertet und dies an die Amygdala weitergibt. Dadurch schlägt die Amygdala seltener Alarm. Dafür sind die Techniken *Leg den Schalter um!* und der *ABCDE-Prozess* höchst wirksam.

Technik	Anwendung	Ziel	Aufwand	Unterstützung
4-7-8-Atmung	Bei akutem Stress, mindestens 2 x täglich	Amygdala beruhigen: Akuten Stress abbauen	Gering	Visualisierung des idealen Tages, Redo-Reminder, Verknüpfung
SSBB-Technik	Bei akutem Stress	Amygdala beruhigen: Akuten Stress abbauen	Gering	Visualisierung des idealen Tages, Redo-Reminder, Verknüpfung
Leg den Schalter um!	Mehrmals täglich	Präfrontalen Cortex beeinflussen: Stress vorbeugen	Gering	Visualisierung des idealen Tages, Redo-Reminder, Verknüpfungen
ABCDE-Prozess	1 x täglich für 3 Wochen (schriftlich), danach mehrmals täglich	Präfrontalen Cortex beeinflussen: Stress vorbeugen	Moderat	Sonneneruptions-Technik, StikK.com, Seinfeld-Kalender

Glückwunsch, dass Sie bis hier gelesen haben! Ich hoffe, es hat Ihnen etwas Freude bereitet. Es liegt mir am Herzen, dass Sie Ihren Stress reduzieren, deswegen appelliere ich an Sie, die Techniken anzuwenden. Ich weiß auch aus eigener Erfahrung, wie schwierig es ist, den inneren Schweinehund zu überwinden und etwas langfristig anzuwenden. Leider ist das der Preis, den wir zu zahlen haben, wenn wir unser Leben verbessern möchten. Die Techniken in diesem Buch werden Ihr Leben enorm verbessern und Sie sind nicht sonderlich aufwändig. Ich wünsche Ihnen Glück, wenig Stress und viel Freude in Ihrem Leben. Ich hoffe, ich konnte mit diesem Buch ein wenig dazu beitragen.

Fragen oder Anregungen?
Schreiben Sie mir!

Ich danke Ihnen, dass Sie dieses Buch gelesen haben. Wenn Sie die Techniken anwenden, wird Ihr Stress erheblich sinken. Zusätzliches Material und Anregungen finden Sie auf meiner Webseite. Schauen Sie gerne rein! Falls Sie in diesem Buch etwas vermissen, bitte ich Sie, keine negative Rezension zu schreiben. Ich würde mich freuen, wenn Sie mir direkt Ihr Feedback mitteilen, so dass ich das Buch verbessern kann. Das ist der Vorteil bei Kindle: Ich kann jederzeit und schnell wie der Wind, das Buch verbessern und Fehler ausmerzen. Ich möchte, dass mein Material so wertvoll wie möglich für Sie ist.

Ich beantworte jede Email persönlich. Wenn Sie Fragen zum Buch und diesem Thema haben, schreiben Sie mir! Mir liegt Ihre Zufriedenheit und Glück am Herzen.

detlef@detlefbeeker.de

Webseite des Autors: http://detlefbeeker.de/

Gratis Geschenk

"Das deutlichste Anzeichen von Weisheit ist anhaltend gute Laune."
Michel de Montaigne

Als Dankeschön möchte ich Ihnen ein Geschenk machen: Das Buch "18 überraschende Gute-Laune-Tipps" (52 Seiten) **schenke** ich Ihnen! Sie können es unter folgendem Link herunterladen:

http://detlefbeeker.de/geschenk/

Erinnern Sie sich noch, als Sie das letzte Mal verliebt waren? War nicht plötzlich alles schön? Wie wundervoll der blaue Himmel aussah, mit seinen weißen Wolken. Sogar Regen konnten Sie genießen. Was wäre, wenn Sie diese gute Laune jederzeit haben könnten?

In diesem Buch lernen Sie...

- Drücken Sie diese Körperstellen und Ihr Stress löst sich auf, Ihre gute Laune steigt und Ihre Gesundheit verbessert sich.

- Diese bewährten Mental-Taktiken werden Sie in Sekunden in gute Laune versetzen.

- Diese geheimen Yoga-Techniken lassen Ihre gute Laune mühelos ansteigen.

- Welches unbekannte Musikstück ist, wissenschaftlich erwiesen, der beste Stresslöser?

- Was Sie von James Bond lernen können und wie dies Ihnen Entspannung und Selbstvertrauen gibt.

- Wie Sie sich in 10 Sekunden entspannen können.

- Praktizieren Sie diese verblüffende Technik und werden frisch und vitalisiert.

- Welche Apps sind die besten, um Ihren Stress zu lindern und Ihnen Entspannung und Gelassenheit zu schenken?

- Der neuste Trend: der Fidget Cube und wie er wirkt.

- Bonus: Die neue Generation der *Gute-Laune-Techniken.*

und vieles mehr.

Laden Sie dieses Buch JETZT **gratis** runter, damit Sie mit Hilfe der besten Techniken garantiert mehr Freude, Gelassenheit und Glück haben werden.

http://detlefbeeker.de/geschenk/

Ein kleines Anliegen

Falls Ihnen das Buch gefallen hat und Sie es sogar hilfreich fanden, möchte ich Sie um einen kleinen Gefallen bitten. Er kostet Sie nichts, würde mir aber enorm helfen. Ich wäre Ihnen sehr dankbar, wenn Sie sich ein paar Sekunden Zeit nehmen und mich bewerten würden. Dafür gehen Sie auf die Buchseite

http://amzn.to/2wCwXaU

Ganz unten auf der Seite meines Buchs finden Sie den Button

Den klicken Sie an und los geht's! Leider ist es in Amazon so, dass nur fünf Sterne wirklich etwas zählen. Deswegen würde ich mich freuen, wenn Sie FÜNF STERNE anklicken könnten. Vielleicht möchten Sie dieses Buch sogar mit Ihren Freunden teilen.

⭐⭐⭐⭐⭐

Vielleicht erscheint es unwichtig, aber jede einzelne Bewertung zählt. Ihr positives Feedback hilft mir, weiterhin als freier Autor zu arbeiten und Bücher zu schreiben, die den Menschen helfen.

Vielen lieben Dank!

Ihr

Detlef Beeker

Webseite des Autors: http://detlefbeeker.de/

Zur Serie
"5 Minuten täglich für ein besseres Leben"

"Erfolg ist die Summe kleiner Anstrengungen, tagein und tagaus wiederholt." – R. Collier

Dieses Zitat ist die Philosophie dieser Serie. Wir müssen gar nicht viel machen, nein, kleine Aktionen können ausreichen. Wir sollten allerdings folgendes beachten:

- Zum einen müssen wir sie *langfristig* anwenden, wir müssen Ausdauer beweisen.
- Zum anderen sollten wir die Aktionen klug auswählen. Dies sagt uns das *Paretoprinzip*:

Paretoprinzip: 20 % des Aufwands führen zu 80 % des Ergebnisses. Dies ist ein empirisches Gesetz, welches von Vilfredo Pareto entdeckt wurde. Zum Beispiel werden 80 % des Umsatzes eines Unternehmens von 20 % der Kunden generiert.

Ist das nicht großartig? Wir müssen die Mittel, die wir einsetzen, nur geschickt wählen. So können wir mit wenig Aufwand 80 % des gewünschten Ergebnisses erzielen. Wir können also eine Formel aufstellen:

Erfolg = geschickte, kleine Aktionen + Ausdauer

Diese Formel ist die Grundlage der Serie "5 Minuten täglich für ein besseres Leben". Und ja, es ist möglich. Veränderungen müssen nicht immer zeitaufwändig sein. Früher dachte die Wissenschaft, man müsse mindestens drei Stunden pro Woche Sport treiben, damit die Gesundheit gefördert wird. Heute wissen wir, dass 30 Minuten pro Woche reichen, wenn *geschickt* trainiert wird. Dies sind noch nicht einmal 5 Minuten täglich.

Impressum und Haftungsausschuss

ständiger Informationen verursacht wurden, sind grundsätzlich ausgeschlossen, sofern seitens des Autors kein nachweislich vorsätzliches oder grob fahrlässiges Verschulden vorliegt. Dieses Buch ist kein Ersatz für medizinische und professionelle Beratung und Betreuung. Dieses Buch verweist auf Inhalte Dritter. Der Autor erklärt hiermit ausdrücklich, dass zum Zeitpunkt der Linksetzung keine illegalen Inhalte auf den zu verlinkenden Seiten erkennbar waren. Auf die verlinkten Inhalte hat der Autor keinen Einfluss. Deshalb distanziert sich hiermit der Autor ausdrücklich von allen Inhalten aller verlinkten Seiten, die nach Linksetzung verändert wurden. Für illegale, fehlerhafte oder unvollständige Inhalte und insbesondere für Schäden, die aus der Nutzung oder Nichtnutzung solcherart dargebotener Information entstehen, haftet allein der Anbieter der Seite, auf welche verwiesen wurde, nicht aber der Autor dieses Buchs.

Detlef Beeker

Printed in Poland
by Amazon Fulfillment
Poland Sp. z o.o., Wrocław

69082446R00063